監修者——五味文彦／佐藤信／高埜利彦／宮地正人／吉田伸之

［カバー表写真］
祇園会の祭礼
（『洛中洛外図屛風』上杉本）

［カバー裏写真］
庶民の闘鶏
（『年中行事絵巻』）

［扉写真］
法会の聴聞に集まる大衆
（『春日権現験記絵』）

日本史リブレット 33

中世社会と現代

Gomi Fumihiko
五味文彦

目次

現代社会を考える手掛り

中世社会は古代の律令《りつりょう》国家の権力統合が弛緩《しかん》するなかで生まれてきた。官僚制的に整備された古代と比較すれば、その政治制度はきわめて簡素で、未整備であった。ところが中世社会に続く近世社会になると、経済的にも政治的にも成熟度を増し、さらに近代社会になってからは西欧の国民国家▲の影響を受け、一層成熟してきたのである。

そうした面からすると、中世社会のみが遅れた政治や経済状態にあり、そこからは何も学ぶべきものがないかのようにも思われる。しかしはたしてそう考えてよいだろうか。現代の社会をみても、政治的・経済的には一見すると遅れているとみられるような社会にあっても、学ぶべきことはすこぶる多い。優れ

▼国民国家　共通の言語や文化・伝統などに基づいて歴史的に形成された共同体のうえに成立した近代国家。領土の民衆が国民として統合されたところに特徴がある。

た政治制度はなくとも、そこに生きている人びとにはわれわれにはない知恵や心が多くある。それらと比較するならば、優れたと思われている社会に生きている人びとが時に傲慢《ごうまん》であったり、心が貧困であったりすることもよくみかける。

　歴史を研究していると、時代の展開のなかで、切りすてられてきたものをそこに発見することがしばしばある。中世の社会には、そのように日本の歴史の展開のなかで切りすてられてきたものが多くみえる。たとえば宗教・信仰の問題などがそれである。したがってそこから学ぶことは実に多く、これらからは現代社会がどのようにあるべきかを考える手掛りがあたえられよう。

　しかし中世社会を考えるのはそのためだけではない。中世社会の展開のなかで育まれた思考の回路、ものの考え方などは、現代のわれわれの思考を、知らず知らずのうちに規制していたり、方向づけたりしていることも忘れてはならない。個の思考、集団としての思考、他者との関係性などを探っていくと、中世に育まれた思考の影響の大きさがわかる。

　いっぽう、中世は混沌《こんとん》が続き、戦乱があいついだ時代であったにもかかわらず、民衆は活気に満ちあふれていた。中世の国家は人びとの自力による生き方を前提にして形成されており、民衆はみずからの力で生きていかざるをえなかった。現代社会でも国際化とともにしだいにそうしたことが求められるようになっているが、それだけに中世人の知恵が求められよう。

さらに中世には、権力による大規模な開発が行われず、人びとは自然との調和を考えて生きていた。古代の大規模開発や公共工事ではコストがかかりすぎたため、その維持ができなくなった。そこから中世の開発は始まっている。このため経済の著しい発展こそなかったものの、こまやかな等身大の制度が成立し、それが社会に定着したのである。

こうした実情を本書では現代の視点から、またさまざまな場から探ってみたい。

①—足元から中世を探る

道から考える

身近なところから中世を考えてみようとすれば、足元にある道から考えるのがよかろう。古代の官道《かんどう》(駅路《えきろ》)▲は、京を中心にして東西南北へと伸び、直線が基本とされていた。東山道《とうさんどう》や山陽道《さんようどう》の発掘によれば、一直線に貫かれ、道幅も広いものであったことが知られている。また近世になると、江戸幕府《えどばくふ》によって五街道《ごかいどう》が整備され、その難所には石畳がしかれ、車馬の交通の便がはかられており、さらに近代になると、さまざまな交通手段が登場し、トンネルや舗装・高速道路などの道の整備もいちだんと進んだ。

しかしこうした整備された道とは違って、中世の道はといえば、「鎌倉道《かまくらみち》」▲に代表されるように道幅が狭く、直線のものは少ない。古代の道が一直線であったのとは大きく違って、曲がりくねっている。どうしてそうなってしまったのであろうか。

それはできるだけ自然の条件を生かしてつくられていたからにほかならない。

▼**官道(駅路)**　京と諸国を結ぶ、古代国家が整備した道。山陽道は大路、東海・東山道は中路とされた。道幅は一〇メートルを超すものもある。

▼**鎌倉道**　鎌倉へ通じる中世の道。とくに関東北部を結ぶ上道《かみつみち》、中《なかつ》道、下《しもつ》道は著名。今も各地に鎌倉街道の名で残ることが多い。

▼守護・地頭　源義経を追討することを名目に諸国、荘園《しょうえん》や公領におかれた職制。当初、全国を対象としていたが、やがておもに没《もっ》官《かん》の地におかれた。

直線による広い道路は、つくるのに多額の費用や多大な労働力が必要なばかりか、維持するのもたいへんである。山や川が入り組んだ日本列島の地形では、ランニングコストがかかって仕方がない。そこから、管理や維持ができなくなった古代の官道は廃棄され、それにかわって自然の猛威にも対応できる形で道はつくられ、維持されたのである。

中世の道は日常の生活道路であったから、自然地形にあわせて無理のない形でつくられ、維持されていた。今でも鎌倉道と称される道が東日本の各地に点在するのはその点をよく物語っていよう。この道は鎌倉に武士がかけつけるための道ということから、鎌倉幕府が整備したかのように思われがちである。事実、源頼朝《みなもとのよりとも》は一一八五(文治《ぶんじ》元)年十一月に守護《しゅご》・地頭《じとう》▲の設置が認められると、それに応じて東海道《とうかいどう》の道筋に新宿の設置を命じているが、それらは各地の地頭らが独自に行うように指示したもので、その地にかかわる人びとの力に依存するものであった。中世の道は交通や流通が盛んとなるに従い、その地を支配する地頭や道を利用する人びとの努力によって整えられたのである。

そうしたところから道とともにあらたな文化が生まれている。たとえば『海《かい》道記《どうき》』や『東関紀行《とうかんきこう》』のような紀行文が多く成立した。『海道記』は一二二三(貞応《じょうおう》二)年四月上旬に、京の白河《しらかわ》に住む「侘人《わびびと》」が鎌倉に赴いたときの記録という体裁をとる、漢文の訓読体《くんどくたい》に近い和漢混淆文《わかんこんこうぶん》で記されている。それから約二〇年後の一二四二(仁治《にんじ》三)年八月中旬、京の東山《ひがしやま》のほとりに住む「閑人《かんじん》」が、鎌倉に旅行した際の紀行文として著わされたとするのが『東関紀行』であるが、これは『海道記』よりも流麗な和漢混淆文で記されている。

二条《にじょう》の『とはずがたり』や阿仏尼《あぶつに》の『十六夜日記《いざよいにっき》』のような日記もまた中世の東海道の道の文化を代表する作品であり、さらに道筋の風景を読み込んだ早歌《そうが》(宴曲)が東国《とうごく》を中心に流行してうたわれ、軍記物《ぐんきもの》や物語もまた、道の文化にともなって成長している。『曾我物語《そがものがたり》』は、父の敵《かたき》である工藤祐経《くどうすけつね》の動きにそって曾我十郎・五郎兄弟が各地をたずねていく物語であり、その歩いた道こそ鎌倉道にほかならず、鎌倉道の上に生まれた作品ということができる。

兄弟は頼朝の巻狩り▲に随行する祐経を狙って武蔵《むさし》・上野《こうずけ》・信濃《しなの》へと続く鎌倉道をとおり、また十郎は故郷の曾我から思いの遊女の虎《とら》がいる大磯《おおいそ》への道をかよい、そして最後に、兄弟は曾我から箱根《はこね》を越えて富士野《ふじの》の巻狩りの地に向か

▼**巻狩り**　鹿や猪などの狩場を多人数で囲んで獲物を追いつめ、弓矢で射止める規模の大きな狩猟。富士野での頼朝の巻狩りは子頼家《よりいえ》の地位の継承を示す目的があった。

うなど、道とともに話は展開している。

そうした道にそって旅行く人びとの信仰がきざまれている。曾我兄弟がとおった中世の箱根道である湯坂道《ゆさかみち》は、箱根湯本《ゆもと》から芦ノ湖《あしのこ》を結ぶが、途中の精進《しょうじん》池《いけ》周辺には、永仁《えいにん》三（一二九五）年十二月日の銘がある巨大な五輪塔《ごりんとう》▲（俗称虎御前《とらごぜの》墓《はか》）や曾我五郎・十郎墓と称される二つの巨大な五輪塔があり、その近くには同元（一二九三）年八月十八日の銘がある岩にきざまれた二十五菩薩《ぼさつ》の磨崖仏《まがいぶつ》もある。さらに精進池の畔には、永仁四年在銘の宝篋印塔《ほうきょういんとう》▲や一三〇〇（正安《しょうあん》二）年八月八日につくられたという六道地蔵《ろくどうじぞう》の巨大な磨崖仏も存在する。

いずれも鎌倉時代のもので、近くには冥土《めいど》の入口である賽《さい》の河原《かわら》に称される地があるので、多くの旅人の苦難を救ってくれるものとしてつくられたのであろう。古代の東海道は箱根を越える際、北側の足柄道《あしがらみち》をとおっていたが、箱根権現《ごんげん》の信仰が高まるなか、箱根湯本の温泉が利用され、湯本と芦ノ湖畔の箱根権現を結ぶ湯坂道が開かれ、その湯坂道の沿道に設けられたのがこれらの箱根石仏《せきぶつ》群にほかならない。

箱根越えは苦難の多いことから、旅人の無事を祈り、また旅で遭難した人び

▼**五輪塔**　石製の塔婆《とうば》の一つ。上から空・風・火・水・地の五つからなり、これにより一切の物質を構成する五大が表現され、墳墓や供養のためにつくられた。

▼**宝篋印塔**　石塔の一つ。宝篋印陀羅尼《だらに》の経文《きょうもん》をおさめたことに由来する。方形の段上に方形の塔身をおき、その四面に仏や種子《しゅじ》をきざみ、さらに上に方形の屋根と相輪《そうりん》を載せる。

●―箱根湯坂道の伝曽我兄弟(左)・虎御前の五輪塔

●―箱根精進池畔の二十五菩薩の磨崖仏

との地獄からの救いや極楽往生《ごくらくおうじょう》を祈って、供養塔《くようとう》が設けられたのである。

　このような道のあり方とその文化は、現代社会の道のあり方に多くのことを考えさせてくれるのではなかろうか。道をもっと身近なものとして、文化の場として考える必要があろう。そこでさらに中世の道の利用のあり方について考えてみたい。

道と都市

　中世の京都は平安京《へいあんきょう》を母体として生まれ、碁盤の目のように東西南北に真っ直ぐの大路《おおじ》・小路《こうじ》が走っていることからすれば、その道は鎌倉道などとはまったく違うかのように思われるが、古代の道とは明らかに異なっており、むしろ鎌倉道に近いことがわかる。

　平安京の道はたしかに整然とし、道幅も広くつくられていたが、ここは大きな邸宅をつくるのにはよいにしても、小さな家に住む庶民の日常生活にはとても不便であった。そこで大路・小路を相互につなぐ辻子《ずし》という小道がつくられたり、さらに道を狭めて耕地・宅地化した巷所《こうしょ》がつくられたりした。

あまりに幅の広い朱雀《すざく》大路は早くに衰退し、湿地の多い西の京も衰えて、西は大宮《おおみや》大路から東は鴨川《かもがわ》までの東の京(洛中)を中心に宅地化が進んだが、そこで発展したのは内裏《だいり》や院御所《いんのごしょ》の周辺ではない。六角堂《ろっかくどう》や薬師堂《やくしどう》、釈迦堂《しゃかどう》、五《ご》条《じょう》天神《てんじん》、祇園社《ぎおんしゃ》お旅所《たびしょ》などの庶民信仰の寺社の周辺に繁華街が生まれ、東西の市がすたれて室町《むろまち》小路や町《まち》小路にそって売買屋が広がっていったのである。

こうして大路・小路・宅地は古代とは様変わりし、やがて狭まった道を挟む両側の住民によって、町《ちょう》という共同組織が形成されるようになった。土地の標示も当初は、条・坊・行《ぎょう》・門などの区割りにそっていたものが、町の形成とともに大路・小路の交差する辻が基準となり、東北頰《ひがしのきたつら》・北東頰のごとく八つの区画で標示されるようになった。

たとえば四条室町東北頰とあるのは、四条大路と室町小路が交差する辻から東の四条大路にそった北側の頰(面)にある区画を意味し、それは現在の表示では室町四条東入ル北、ということになる。他方、四条室町北東頰とはその同じ辻の北の室町小路にそった東側の頰(面)にある区画となる(室町四条北上ル東)。

面や頰の表現が用いられたのは、人間の顔面の鼻筋が道にたとえられ、その

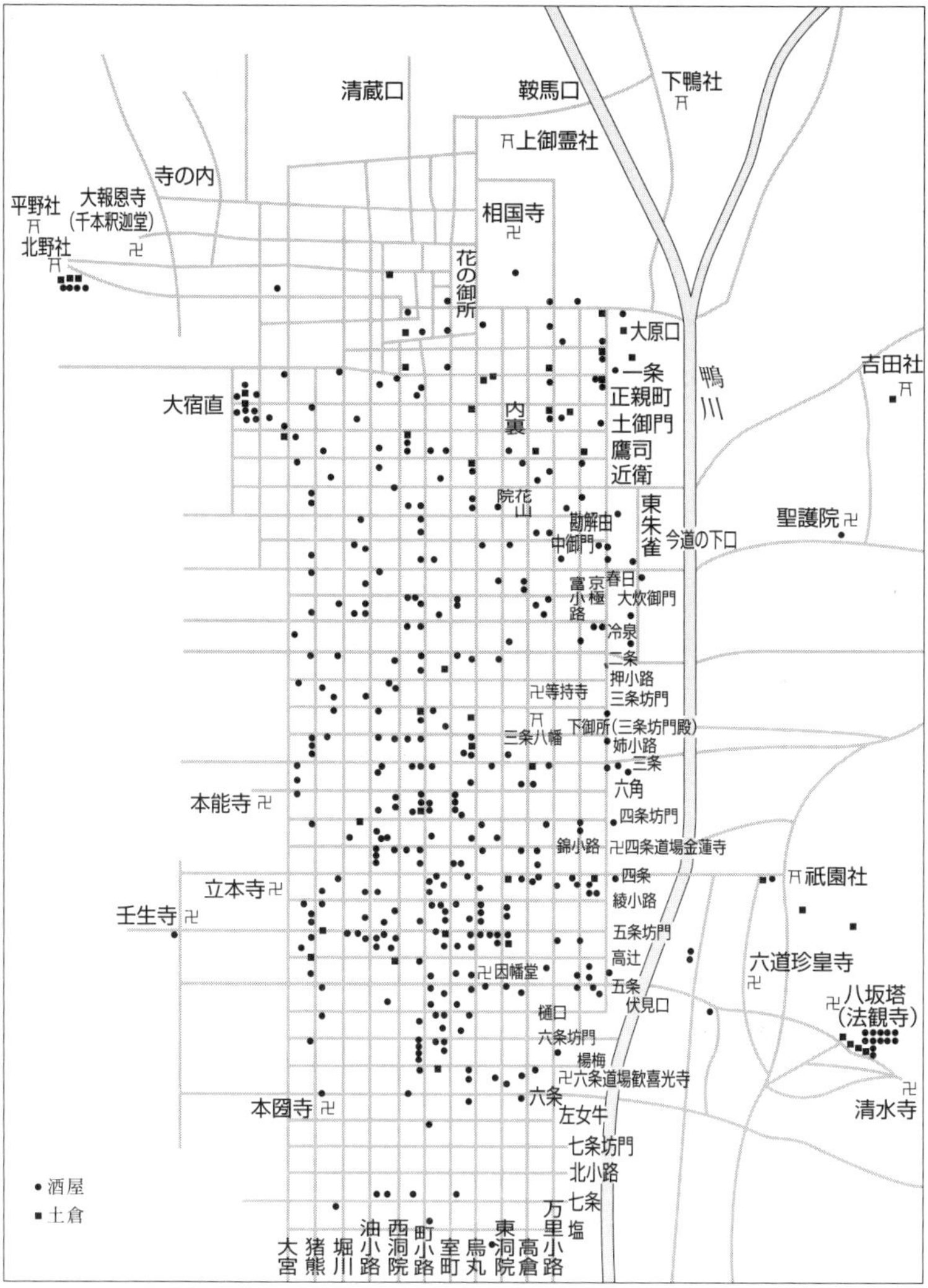

●──南北朝・室町時代の京都　永原慶二監修『岩波　日本史辞典』より一部改変。

●——生活の場としての道（『洛中洛外図屛風』歴博甲本）　道には井戸があり、トイレもある。

両側の頰によって町が形成されたと考えられたからであろう。そしてこの町は、祇園社の祭礼では、山《やま》や鉾《ほこ》をだす母体の山鉾町となった。

戦国期の京都を描いた上杉《うえすぎ》本の『洛中洛外図屛風《らくちゅうらくがいずびょうぶ》』には、それぞれの町がだした山や鉾が描かれており、今に続く長刀鉾《なぎなたぼこ》や船鉾《ふなぼこ》なども繰りだされているのがわかる（表紙カバー参照）。また、家々の前の道がいかに重要な生活の場となっていたのかもうかがえる。道には井戸があり、それが生活用水とされ、道の真中を流れる小川もまた多様に使われている。トイレも道にあり、さまざまな遊びも道で行われていた。いっぽう、道からはいってくる暴力の侵入は町の出入口にある木戸（釘貫《くぎぬき》）で防がれており、道は町の共同性をもっともよくあらわしている（上図・次ページ図参照）。

今も京都では、道にそった家の間口が狭く、奥が深いが、これは中世以来からのもので、さまざまな税の賦課が家の間口の広さに応じて課されたことによる。こうして小道の両側に家々が密集してできた町がいくつも集まって惣町《そうちょう》が形成され、それは町の代表の集まりである町衆《ちょうしゅう》や会合衆《えごう》などにより運営され、都市の自治が行われた。応仁《おうにん》の乱《らん》により衰退した祇園祭を再興したのが彼らの

●――町の木戸（『洛中洛外図屏風』歴博甲本）

力によっていたことはよく知られている。
　このように道は都市の文化をつくりあげる役割も担っていたわけで、この点を考えると、現代の都市の再生も建物からではなく、道から始める必要があるように思う。

信仰の道

　さきに中世の道は直線ではないと述べたが、実は中世にも直線の道は存在した。たとえば鎌倉幕府を開いた源頼朝は鎌倉にはいると、鶴岡《つるがおか》八幡宮から由比《ゆい》ケ浜《がはま》にいたる道に置石をしいて整備したが、これは今でも浜から一直線に神社につながる若宮《わかみや》大路の前身である。信仰のための参詣路、あるいは神の通り道ということから直線とされたのであろう。

　古代の都城《とじょう》の造営や近世の城下町《じょうかまち》のための整備、あるいは近代の都市計画による区画整備などとは異なった形での道の整備であった。絵巻をみると、しばしば阿弥陀仏《あみだぶつ》の救いの光が一直線で往生する人に向かって描かれているように、信仰の線だけは直線で構成されていたのである。今でも神社への参道が直線か

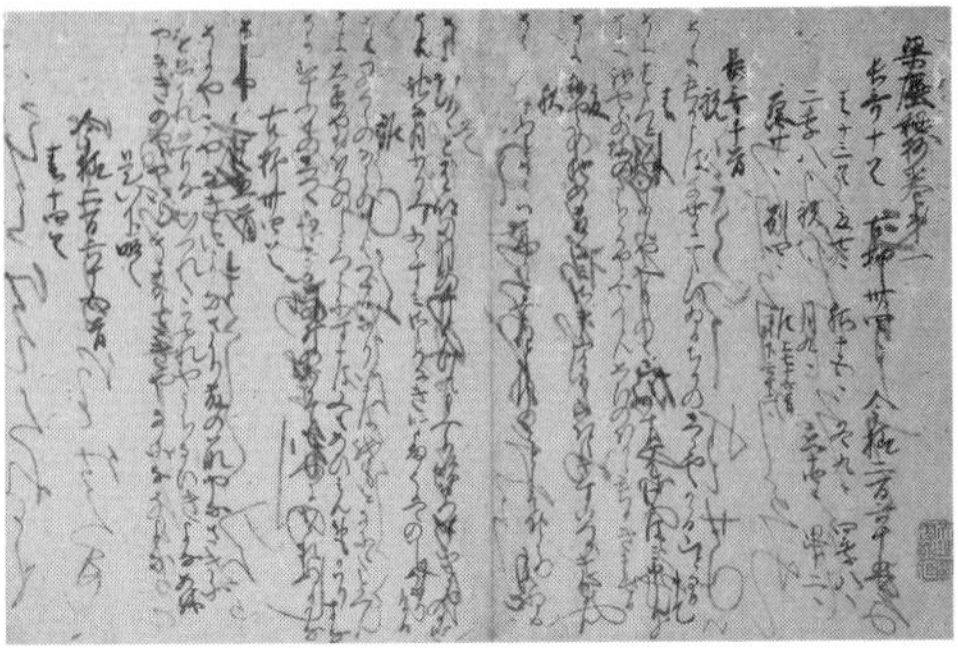
●—『梁塵秘抄』巻一

▼**後白河上皇**　一一二七〜九二年。鳥羽《とば》天皇の第四皇子。保元《ほうげん》の乱《らん》前に即位し、三五年におよぶ院《いん》政《せい》を行った。仏教信仰に篤く熊野詣を行い、蓮華王院《れんげおういん》を建立した。

らなるのはそのためである。すなわち中世における直線は信仰のラインであった。しかしその信仰の道とても直線だけではなかった。中世にはさまざまな信仰の道が生まれている。その一つが熊野《くまの》参詣の道である。後白河上皇《ごしらかわじょうこう》▲が編集した『梁塵秘抄《りょうじんひしょう》』の二五六番にはつぎのような流行歌謡の今様《いまよう》がみえる。

熊野へ参るには　紀《き》路と伊《い》勢《せ》路のどれ近し　どれ遠し　広大慈悲の道なれば　紀路も伊勢路も遠からず

熊野参詣路には紀伊《きい》半島西回りの紀伊路と東回りの伊勢路とがあり、そのうちのどちらが近いのか、遠いのかとうたっている。『平家物語《へいけものがたり》』にみえる若き平清盛《たいらのきよもり》の熊野詣は「伊勢の海」から赴いているので、伊勢路であったが、多くは紀伊路から赴いた。しかし遠いや近いの距離の問題ではない。広大な慈悲をたれてくれる道だから、そのことを思えばどちらも遠くはない、とうたう。

この熊野路の各所には九十九王子《おうじ》と称される王子社が勧請《かんじょう》され、旅行く人びとはこの王子に芸能をささげたのであった。歌人の西行《さいぎょう》は紀伊の八上《やかみ》王子で咲いている花がことに興があって、つぎの歌をよんでささげたという。

まちきつるやかみの桜咲きにけり　あらくおろすな峰の松風

●──熊野古道　本宮《ほんぐう》町側から三越《みこし》峠へ向かう道。

●──八上王子で和歌をささげる西行(『西行物語絵巻』)

●熊野に向かう小栗判官と照手姫（『小栗判官絵巻』）

▼説経節　中世後期から広まった語り芸能。『小栗判官』のほかに『さんせう大夫』が有名。

八上王子は、紀伊路の田辺《たなべ》をへて熊野本社に直行する中辺路《なかへち》を少しはいったところにあるが（和歌山県上富田町《かみとんだ》）、熊野参詣の途中にはこうした王子の社《やしろ》がいくつもあってそこを参拝しつつ、人びとは熊野道を往来したのである。その各地の王子でうたわれたのが、つぎの『梁塵秘抄』四一三番である。

熊野の権現は　名草《なくさ》の浜にぞ降り給ふ　海人《あま》の小舟に乗り給ひ　慈悲の袖をぞ垂れ給ふ

白河上皇が熊野詣を頻繁に行うようになってからというもの、貴族の熊野詣が盛んになったが、鎌倉時代後期からは民衆にまで参詣の旅は広がり、説経《せっきょう》節《ぶし》▲の『小栗判官《おぐりはんがん》』では、小栗と照手姫《てるてひめ》がともに苦難の旅をしている。「蟻《あり》の熊野詣」と称されるように続々と熊野路を行く人びとがあらわれた。

また、観音《かんのん》信仰の広がりとともに各地の観音霊場《れいじょう》を詣でる巡礼《じゅんれい》の旅も行われるようになったが、その一つに京の清水寺《きよみずでら》の観音から大和《やまと》の長谷寺《はせでら》の観音に詣でる道があり、この道を舞台に生まれたのが源義経《よしつね》の母常磐《ときわ》の物語である。常磐は夫義朝《よしとも》が平治《へいじ》の乱《らん》により滅んだことを知って清水寺に参籠したのち、大和の竜門牧《りゅうもんのまき》に逃れたというが、それは長谷寺への参詣ルートにほかならない。

なお源義経の活躍を描く『義経記《ぎけいき》』には、義経が頼朝に追われて各地を逃れ、やがて奥州《おうしゅう》にくだっていくことが語られているが、それは吉野《よしの》の金峰山《きんぷせん》から大《おお》峰《みね》をへての修験《しゅげん》の道であった。『梁塵秘抄』の二九九番に大峰の修験はこうよまれている。

大峰通るには　仏法修行する僧ゐたり　唯《ただ》一人　若《にゃく》や子守は頭《こうべ》を撫《な》で給ひ

八大童子は身を護る

「大峰通る」とは、吉野から熊野にいたる大峰山脈での修行のことで、この歌は道に迷った修行者を熊野の若王子《にゃくおうじ》の神や大峰の子守御前《こもりおまえ》の神が守ってくれる、とよんだものである。義経に従う弁慶《べんけい》はこの修行者として描かれている。また修験の旅は『法華経《ほけきょう》』を読みながらのものであれば、そこから聞こえてくるのがつぎの四七〇番である。

覚束《おぼつか》な鳥だに鳴かぬ奥山に　人こそ音すなれ　あな尊《とうと》　修行者の通るなり

こうして神仏への信仰とともに道が開かれ、そこに文化が成長していったが、今、そうした道を歩くと、身や心も洗われるような気になる。現代人の心があまりに疲れているせいもあろう。

道と勧進

中世の道の整備に大きな力があったのは勧進上人《かんじんしょうにん》(勧進聖《ひじり》)である。道のみならず多くの公共事業も、勧進上人が人びとに米銭の喜捨《きしゃ》を請い、仏への結縁《けちえん》をうながすなどして、多くの人びととの力を結集して行われた。その最初の大事業が重源《ちょうげん》▲による東大寺《とうだいじ》の大仏《だいぶつ》再興である。

平氏《へいし》によって焼け落ちた東大寺の大仏の再興は、源平《げんぺい》の争乱《そうらん》の時期においてなしとげることはとても不可能と考えられたが、それを勧進によって果たしたのが重源である。平氏と戦っている頼朝や奥州の藤原氏などの協力もえて、短時日のうちに大仏の鋳直しを行い、大仏殿を再建している。

重源が生涯にわたって行った事業は『南無阿弥陀仏作善集《なむあみだぶつさぜんしゅう》』にまとめられている。重源はみずからを「南無阿弥陀仏」と称し、信仰をともにする同朋に法華経から一字をとって、安阿弥陀仏などと名づけており、この書はそのことからの書名であるが、これによれば、摂津《せっつ》兵庫の大輪田泊《おおわだのとまり》や播磨《はりま》の魚住《うおずみ》泊などの港湾の修築から、伊賀《いが》国の道の整備まで多くの公共事業を手がけたのがわかる。重源はそのために勧進を行う組織をつくり、基地として「別所《べっしょ》」を各地に設けたこ

▼**重源**　一一二一〜一二〇六年。朝廷に仕える武官の子に生まれ、醍醐寺《だいごじ》で密教《みっきょう》を学んだのち、各地で修行した。一一六七(仁安《にんあん》二)年に宋《そう》に渡り、以後各地での勧進活動を行った。

●—重源上人坐像

●—再建時の姿が今に残る東大寺南大門

●──**和賀江島**　右上は稲村ヶ崎、その左にみえるのは江ノ島。

とから、以後、勧進は広く公共事業に威力を発揮するようになった。

たとえば京を象徴する、「国王の氏寺《うじでら》」と称された京の白河《しらかわ》にある法勝寺《ほっしょうじ》の八角八層の塔が雷で焼け落ちたときも、再建は勧進によってなされている。さらに鎌倉の由比ヶ浜の港湾の整備のために和賀江津《わがえのつ》に突堤を築いたのは、九州の鐘崎《かねがさき》（福岡県宗像市《むなかた》）で同様な工事を勧進で果たした往《おう》阿弥陀仏という勧進上人であり、鎌倉の新大仏も浄光《じょうこう》という勧進上人の手によってなった。

こうして中世には、道・橋・港湾・鐘・寺社の造営などの公共工事が広く勧進上人の手によってなされるようになったが、これ以前の古代ではこれらは国家が担うものであった。しかし中世になると、これらを直接に担う権力に経済力が乏しかったこともあり、多くの人びとの仏教への信仰心を誘って、公共事業が推進されたのである。

現代社会でも街頭で寄付をつのることがよく行われているが、これがまさに勧進のその後の一つの姿にほかならない。集団で何か事を始めようとするとき、資金を集めるために寄付をつのって勧進帳《かんじんちょう》を回すことは今でもしばしばみうけられる。また神社の祭礼などで町内から寄付をつのった結果、その寄付者と金

●鎌倉の若宮大路《わかみやおおじ》で発掘された木簡　「一丈伊北太郎跡」とは、一丈分を上総《かずさ》の御家人伊北太郎の所領の相続者が担当して工事を行うことを意味する。

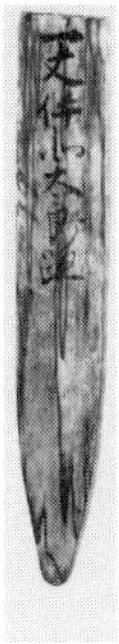

一丈伊北太郎跡

一丈南くにの井の四郎入道跡

額が神社の境内に掲げられている風景にもよく出会う。こうした勧進が広く定着したのが中世の社会であった。また勧進は、現代におけるボランティア活動に相当するものである。

　こうして中世の道の整備がおもに勧進上人の手によってなされていたとはいえ、権力がなにもしなかったわけではない。たとえば鎌倉の若宮大路の側溝からはしばしば御家人《ごけにん》の名前が記された木簡《もっかん》が発掘されているが、これは北条《ほうじょう》泰時《やすとき》が鎌倉を都市として整備する際に御家人に分担させて道をつくらせたことから考えれば、側溝の工事を御家人の分担で行わせたことを物語っていよう。

　これを始めとして、重要な幕府の建築・土木工事は御家人が寄りあって行われており、幕府が請け負った京の閑院《かんいん》の皇居の造営なども御家人の分担によってなされている。これらは勧進上人がかかわったものではないにしても、勧進と同じような形式がとられていたことがわかる。

　こうして中世の権力の性格がおぼろげながらみえてきたことから、つぎにその権力の性格を考え、現代社会との接点を探ってみたい。

②——政治権力を考える

院政と武家政権

中世の権力の特徴は、中央集権的な古代や近代とは異なって分権的な性格にある。初期の院政期《いんせい》こそ院の権力がめだっているが、そこでの王権《おうけん》の強調も実は分権化の深まりに対応するものであった。

たとえば白河上皇《しらかわじょうこう》は異母弟の輔仁親王《すけひとしんのう》を警戒して、源氏《げんじ》の源義家《みなもとのよしいえ》に行幸《ぎょうこう》の行列を警護させ、また平氏《へいし》の平正盛《たいらのまさもり》を登用して御所《ごしょ》の警護をさせるなど、台頭が著しい武士を使って身辺の警護にあたらせたが、それとともに地方に本拠をおく武士の活動は活発化し、源氏・平氏など都《みやこ》の武者《むしゃ》と主従関係を築いて、勢力を伸ばしていった。このことをよく物語っているのが、白河上皇が全国に命じた殺生禁断令《せっしょうきんだんれい》についての『古事談《こじだん》』▲に載る逸話である。

この禁制は狩猟や漁労の道具がすべて廃棄されたというほどに徹底したものであったが、それにもかかわらず、加藤成家《しげいえ》という武士が鷹を使って狩をしたことが発覚し、京に召されて尋問を受けることになった。どうして禁制なのに

▼『古事談』　鎌倉初期の説話集。源顕兼《あきかね》の手になり、成立は一二一三(建保《けんぽ》元)年で、「王道后宮《おうどうこうぐう》」「臣《しん》節《せつ》」「僧行《そうぎょう》」「勇士」「神社仏寺」「亭宅《ていたく》諸道」の六巻からなる。

鷹を使ったのか、という尋問にあって成家は、主人の平忠盛《ただもり》の命令で行っただけのことであり、「源氏平氏の習《ならい》」は重い罪では首を切られるが、朝廷《ちょうてい》の命令は背いても、重くて禁獄か流罪《るざい》であり、命にはおよばない、と述べたので、これを聞いた上皇は呆《あき》れ、そのような痴《し》れ者は追放せよ、と命じたという。

この話にみられるように国司《こくし》（受領《ずりょう》▲）が地方にくだらなくなったこともあって、諸国では武士が台頭し、受領にかわって文化や経済に重要な位置を占めるようになったのである。その武士を通じて富が中央に上がるシステムが整えられたため、地方の政治の中心であった「館《たち》」の主も国司から武士へと変化した。

豊前国《ぶぜんのくに》の宇佐社《うさしゃ》の大宮司《だいぐうじ》は「御館《みたち》」と呼ばれ、裁判を行っていた。東国《とうごく》の上《かず》総《さ》で成長して「上総曹司《そうし》」と称された源義朝《よしとも》は、相模《さがみ》の在庁官人《ざいちょうかんじん》▲の三浦《みうら》氏に擁立されて鎌倉の亀谷《かめがやつ》に「楯《たて》」（館）を築いた。奥州藤原氏《おうしゅうふじわらし》も、一一八六（文治《ぶんじ》二）年四月二十四日の源頼朝《よりとも》の書状では「御館は奥六郡《おくろくぐん》の主」と記されている（『吾妻《あずま》鏡《かがみ》』）。このように国の実務は在庁官人を始めとする武士たちの手に移っていき、そのため地方の武士も「御館」と称されるようになったのである。

古代の律令《りつりょう》国家の権力統合が弛緩するなか、各地に地域権力を形成したのが

▼受領　国司の別称。前任者から任国《にんごく》の経営を引き継いだことからの呼称で、通常は守《かみ》か介《すけ》をさす。摂関《せっかん》時代から任国の経営を行い巨富を築いた。

▼在庁官人　受領のもとで国の実務を行った現地の役人。大判官《だいはんがん》代《だい》などの在庁と、介などの官人の区別があったが、あわせて呼ばれることが多い。留守所《るすどころ》を形成し、武士が任じられた。

武士であり、その武士たちは館を構えて、そこを足場に周辺の地に支配をおよぼし、館を中心とした社会を築いたのである。こうして実力を築いた武士が、やがてその実力を中央で発揮したのが保元《ほうげん》・平治《へいじ》の乱《らん》にほかならない。

その保元の乱の直後にだされた一一五六(保元元)年閏九月十八日の保元の新制は、「九州の地は一人の有《たも》つところなり。王命の外、何ぞ私威《しい》を施さん」と、日本全土は天皇の支配下にあるとする王土《おうど》思想▲によりながら荘園《しょうえん》整理を命じ、また神人《じにん》▲や悪僧《あくそう》の不法行為の取締りも命じているが、それにもかかわらず、荘園の形成はやまず、武士や悪僧らの活動は盛んになり、続く平治の乱後には武家政権として平氏政権が成立することになった。

このように分権化の深まりとそれに対応する動きの結果、院政が生まれ、また初めての武家政権も生まれたのだが、これは今日の地方分権化の動きにいくつかの示唆をあたえてくれよう。なかでも大きな問題は、行政機構の業務の請負を特定の氏族《しぞく》に託す「官司請負」が連動して進行した点である。

諸国の経営が受領の請負とされたのと同様に、中央の官司を特定の氏族や家が経営するところとなり、古代の官僚制システムは機能しなくなったのである。

▼王土思想　天の下に広がる国土はすべて天の命を受けた王の領土であって、その土地に住む人民は王の支配を受けるとする思想。

▼神人　神社に雑役《ぞうえき》を奉仕する下級の神職。神の威力を背景にして商業活動を営んだり、大衆《だいしゅ》の強訴《ごうそ》に加わったりした。神人を統轄する職を惣官《そうかん》といった。

分権化とともに官僚制機能をどのように再編すべきか、それは現代社会につながる大きな課題であり、それとともに分権化の成否が試されるのだが、中世における分権化の深まりをさらにみていくことにしよう。

鎌倉幕府と武士連合

院政にしても、平氏の武家政権にしても、天皇を補佐する形で政治に影響力をあたえる政治形態をとり、政治を積極的に担おうとはしなかった。そうした政治における矛盾に端を発して、分権化を東国において進めていた武士の動きから生まれたのが幕府政権である。

平治の乱で伊豆《いず》に流されていた源頼朝が挙兵し、鎌倉幕府を開いたのだが、しかしその内実は東国の武士団の結集によるものであり、分権化の深まりが鎌倉に根拠地をおいた武家政権の成立をもたらしたのである。

鎌倉幕府の歴史書である『吾妻鏡』は、鎌倉幕府の始まりを、平氏を討てと東国の武士に命じた一一八〇(治承《じしょう》四)年四月の以仁王《もちひとおう》の令旨《りょうじ》▲が伊豆の北条《ほうじょう》の館にもたらされ、それが頼朝と北条時政《ときまさ》の手によって開かれる場面にみている。

▼**以仁王の令旨**　以仁王は後白河天皇の第三皇子。令旨は皇太子や皇后などの命令を伝える文書。以仁王は源頼政《よりまさ》の勧めで平氏の打倒を命じるこの文書をだした。

▼宿老の御家人　宿老は経験の豊かな人。この場合は鎌倉幕府で頼朝との主従関係をもった御家人のなかの重臣のこと。

令旨に象徴される朝廷の権威、頼朝という武士の長者《ちょうじゃ》、そして時政に代表される東国の武士団、これら三つが結びつくことで幕府が始まった、というのが『吾妻鏡』の考えた幕府成立の真相である。ただその後の幕府の展開をみると、東国武士団の手によってなった面がもっとも強かったことがわかる。

たとえば頼朝は平氏を富士川《ふじがわ》の合戦《かっせん》で破ったのち、すぐに上洛《じょうらく》をめざしたが、上総広常《ひろつね》や千葉常胤《つねたね》らの宿老《しゅくろう》の御家人《ごけにん》▲から東国にとどまるように要請されたのを受け入れ、その直後に武士の所領を安堵しているのはこの点をよく物語っていよう。結局、頼朝は二度上洛したものの、鎌倉に戻ってきている。幕府は武士の要求にそって生まれた政権であった。

初期には頼朝の親裁権が強かったが、その死後、嫡子の頼家《よりいえ》は一三人の有力御家人により親裁権を制限された末に、ついには北条時政以下の武士団によって伊豆に退けられ殺害されている。つぎの将軍に立てられた実朝《さねとも》の場合も一二一九(承久《じょうきゅう》元)年正月に鶴岡《つるがおか》八幡宮社頭《しゃとう》で殺害されている。そのためつぎの将軍は朝廷から皇子を迎えるべく、使者が京に向かったが、使者が携えていたのは幕府の「宿老の御家人」の連署になる奏状であった。

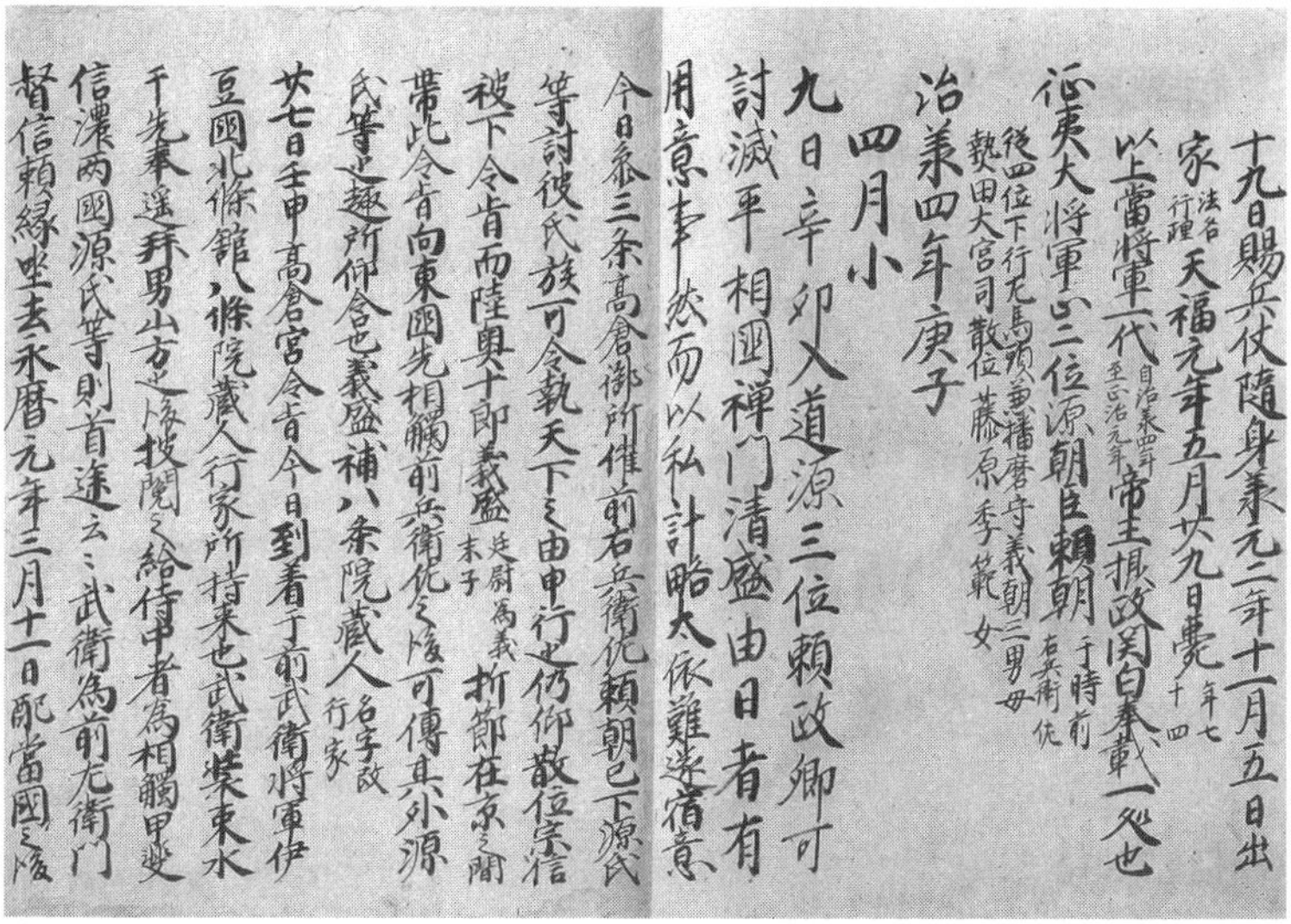
十九日賜兵仗隨身兼元二年十一月五日出家 法名行理 天福元年五月廿九日薨 年七十四
以上當將軍一代 自治承四年至正治元年 帝王摂政関白兼載一冊也
征夷大将軍正二位源朝臣頼朝 右兵衛佐 従四位下行左馬頭兼播磨守義朝三男 母熱田大宮司散位藤原季範女
治承四年庚子
四月小
九日辛卯入道源三位頼政卿可討滅平相国禅門清盛由日者有用意事然而以私計略太依難遂宿意
今日夜入三条高倉御所催前右兵衛佐頼朝已下源氏等討彼氏族可令執天下之由申行之仍仰散位宗信被下令旨而陸奥十郎義盛 廷尉為義末子 折節在京之間帯此令旨向東国先相触前兵衛佐之後可伝其外源氏等之趣所仰含也義盛補八条院蔵人 名字改行家
廿七日壬申高倉宮令旨今日到着于前武衛将軍伊豆国北條館八條院蔵人行家所持来也武衛装束水干先奉遥拝男山方之後披閲之給侍中者為相触甲斐信濃両国源氏等則首途云々武衛為前右衛門督信頼縁坐去永暦元年三月十一日配当国之後

●―『吾妻鏡』(吉川本，巻１巻首)

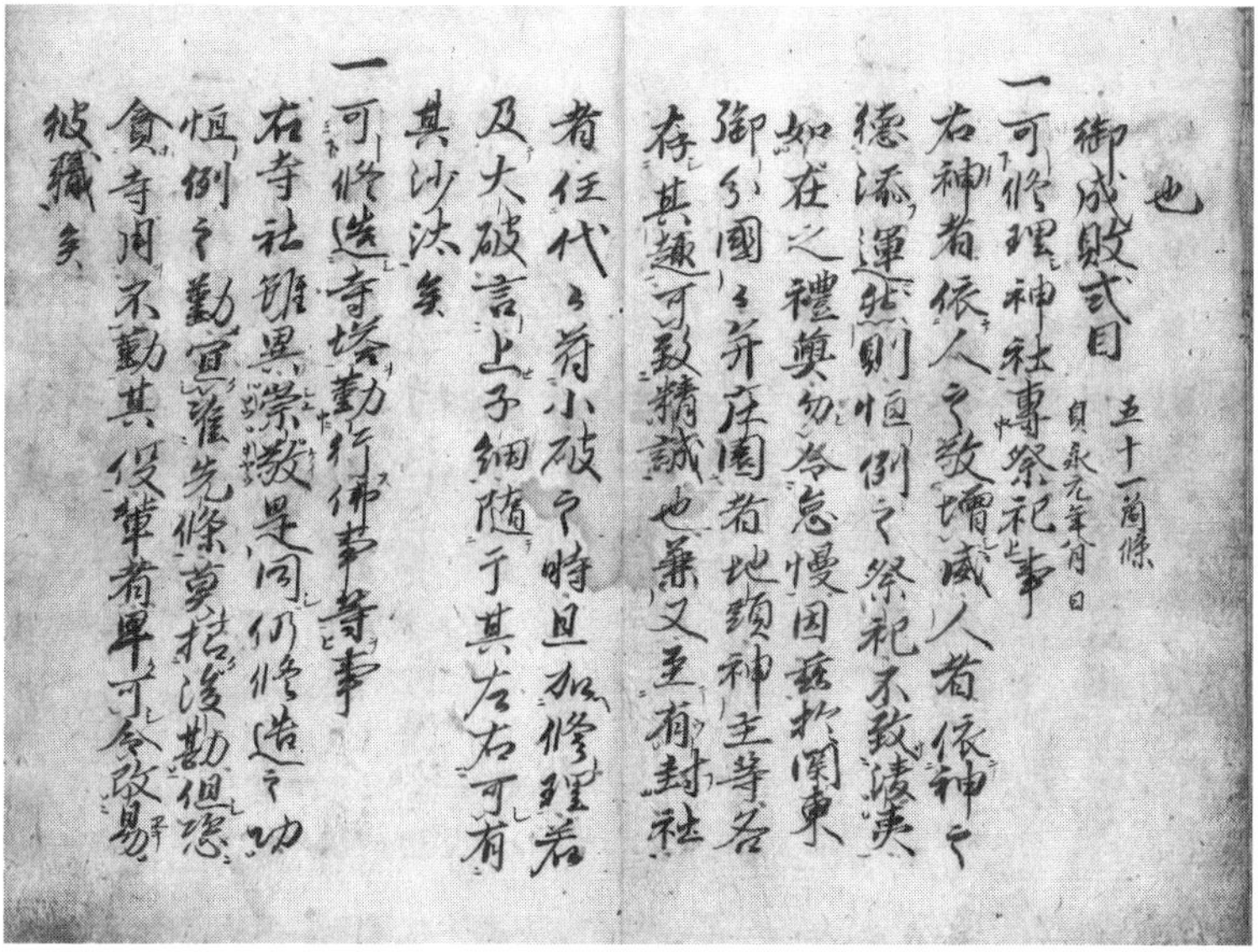
也
御成敗式目 五十一箇條 貞永元年　月　日
一可修理神社専祭祀事
右神者依人之敬増威人者依神之徳添運然則恒例之祭祀不致陵夷如在之礼奠勿令怠慢因茲於関東御分国々并庄園者地頭神主等各存其趣可致精誠也兼又至有封社者任代々符小破之時且加修理若及大破言上子細随于其左右可有其沙汰矣
一可修造寺塔勤行仏事等事
右寺社雖異崇敬是同仍修造之功恒例之勤宜准先條莫招後勘但恣貪寺用不勤其役輩者早可令改易彼職矣

●―『御成敗式目』(鶴岡本)

●——後鳥羽上皇像（「天子摂関御影」）

▼後鳥羽上皇　一一八〇〜一二三九年。高倉《たかくら》天皇の第四皇子。二〇歳前に院政を開始し、当初は『新古今和歌集《しんこきんわかしゅう》』を編纂するなど文化に力をいれたが、鎌倉幕府を倒すことに傾いて挙兵し、隠岐《おき》に配流《はいる》となる。

幕府が武士団の横の連合からなることは、後鳥羽《ごとば》上皇▲が幕府を倒すべく北条義時《よしとき》追討の宣旨をくだしたときに、幕府が東国一五カ国の御家人の家々の長に召集を呼びかけ、京へと進軍したことにもっともよくうかがえる。

　これよりさき、後鳥羽上皇によって皇子の東下を拒否されたため、かわりに摂関家《せっかんけ》から幼い将軍候補者を迎えていたが、一二二五（嘉禄《かろく》元）年、執権《しっけん》北条泰時《やすとき》はその頼経《よりつね》が元服《げんぷく》して将軍となる前にかつての将軍の権限の多くを御家人による評定《ひょうじょう》会議に移し、その評定を取りしきる執権が中心になって政治を行う執権政治を推進する体制を整えた。一二三二（貞永《じょうえい》元）年に制定された『御成敗式目《ごせいばいしきもく》』（貞永式目）はその評定で定められた本格的な武家の法典である。

　こうして評定を政治の場とすることで御家人たちは政治的な訓練を積み、やがて将軍が成長し、成人として実権を行使する段におよぶようになると、京に追い帰している。頼経を京に帰したのち、その子頼嗣《よりつぐ》も京に帰し、一二五二（建長《けんちょう》四）年に念願の親王将軍宗尊《むねたか》を迎えたが、それもまた六六（文永《ぶんえい》三）年に京に帰している。

　将軍を武家の主君としてあおいで結集しつつも、その結集に都合が悪くなると京に帰してしまうやり方は、未開社会にみられる「王殺し」に近いものがあるが、それは現代では選挙に代替されている。政治の衰退を首長《しゅちょう》を変えることで、あらたな政治に期待するという点は選挙も同じである。もちろん選挙との違いは大きいのだが、本質は同じところにあろう。

合議と専制

鎌倉幕府は軍事政権であることから、強力で専制的な政治が行われたかのような印象をいだきがちであるが、為政者はむしろ武力だけでの統治が困難なことをよく知っており、それもあってけっして強力な支配を行ったわけではない。

朝廷の独自な領域への支配権を認め、西国《さいごく》の二つの本所《ほんじょ》▲のあいだの裁判の管轄は朝廷に属するものとするなど、朝廷の支配権への介入はできるだけ避けるようにしていた。また裁判制度や法令を整え、御家人間の調停者として幕府を位置づけていたのである。

鎌倉幕府の体制は源氏三代の将軍親裁体制、北条氏の執権による執権政治、北条氏家督《かとく》の得宗《とくそう》による得宗専制政治という形で展開したことから、幕府の政

▼本所　上級領主権をもつ荘園領主。領家の上にある。

▼**執奏**　得宗のもとにあって重要事項を取りつぐ職制。

▼**御内人**　武家に奉仕する家臣のこと。北条氏の家督である得宗に仕える御内人が勢力を握ったことからおもにはこれをさす。得宗の政治を支え、広大な得宗領の経営にかかわった。

治の基本は専制にあるとみる見解があるが、しかし御家人の合議こそが基本であって、親裁や専制は一時的な現象にすぎないとみるべきであろう。

得宗専制政治は、北条氏が幕府の要職を占め、得宗が北条氏の家督の地位にあって、評定会議ではなく寄合《よりあい》という小規模な会議に基盤をおいて政治を行ったことから、専制政治と称され、その典型とみなされることが多い。たしかに専制化の傾向は認められ、時に得宗のもとに執奏《しっそう》▲という役職がおかれ、得宗が直接に政治や裁判の指示を行うこともあったが、それらはことごとく失敗に帰しており、政治の基本は北条氏一門、北条氏に仕える御内人《みうちびと》▲、また有力御家人の家の家長《かちょう》らが幕府の舵《かじ》取りをするところにあった。

この傾向は室町幕府においても同じであって、四代将軍の足利義持《あしかがよしもち》は死に臨んで後継者の指名を求められると、指名したとしても宿老たちが受け入れないのならば仕方がないことだと語って、ついに指名するにはいたらなかった。その結果、籤《くじ》によって将軍になった義教《よしのり》は、みずからの政治的基盤が弱いことから、宿老や守護大名《しゅごだいみょう》と対立した末に専制へと志向し、その結果、殺害されている（嘉吉《かきつ》の乱《らん》）。さらにこれに続いた応仁《おうにん》の乱は守護大名が二つの陣営に分かれて数年も続く内乱であった。

中世社会で強力な支配への志向をもっていたのは、むしろ朝廷において文化的統治を志した後鳥羽上皇や後醍醐《ごだいご》天皇▲であり、二人は武家政権を倒す運動を起こしたが、それを成功させた後者の場合、一元的な支配を構想して建武《けんむ》政権を樹立したものの、その未熟な専制政治のゆえに早期に瓦解している。

つまるところ、武家政権は王朝《おうちょう》を温存させ、その権威に依拠しつつ政治の実権を握っていたことから、中世・近世の長きにわたって存続してきたものと指摘できよう。

ところで、中世の国家を考えるときに有力な見解として権門《けんもん》体制国家▲というとらえ方がある。これは諸権門が分立するなかで、諸権門が天皇を中心としてそれぞれの機能を分担しあって統合される国家体制を意味する。

すなわち公家《くげ》・寺家《じけ》・武家《ぶけ》などの権門が相互補完的に国家の機能を分担する体制を中世国家にみる見解であって、古代の律令体制、近世の幕藩《ばくはん》体制に対応する概念として考えられた体制概念である。

しかしこれはおもに中世前期の王朝国家の体制から導かれたものであり、そ

▼**後醍醐天皇**　一二八八〜一三三九年。後宇多《ごうだ》天皇の第二皇子。大覚寺統《だいかくじ》の中継ぎの天皇だったことから、二度の倒幕計画を起こしたがいずれも失敗した。やがて幕府を倒して建武《けんむ》の新政《しんせい》を行ったが、足利尊氏《たかうじ》の離反で瓦解した。

●――**後醍醐天皇像**

▼**権門体制国家**　中世史研究者の黒田俊雄の見解。従来の幕府を中心とする東国国家論に対する有力な学説。権門勢家が競合対立しつつも封建領主《ほうけんりょうしゅ》階級として相互補完関係にあったとする。

れをそのままに中世一般に拡大したことから問題点をはらむことになった。むしろ院政時代の後白河院政期から承久《じょうきゅう》の乱後の後嵯峨《ごさが》院政期が始まるころまでの王朝国家の体制を意味するものと限定的に理解したほうが適合的である。

それはあらたに生まれた武家政権を王朝に統合させる体制であったから、武家権力が独自な方向をあゆむなかで、機能しなくなり、またみずから皇統の分裂をきたし、さらに南北朝《なんぼくちょう》の動乱へと続くことになった。権門体制は異質な権力が成長してきたのを統合することで成立したものであれば、それらが独自の方向をめざしたときに瓦解したのである。

自力による救済

分権化の著しかった中世においては、自力《じりき》による生存が求められた。中世の権力は鎌倉・室町幕府にせよ、大名権力にせよ、また朝廷にせよ、生命や権利を全面的に保障するものではないから、人びとは権利や生命をみずからが守らねばならなかった。これを「自力救済」と称するが、それが基本の社会である。

この点は訴訟にあたって、自分の権利を裏づける証拠の文書はみずからが提出しなければならない、訴訟における当事者主義によくうかがえる。民事にせよ、刑事にせよ、訴訟は当事者により提起されるのが基本であり、職権でなされる場合はきわめて限られていた。当事者はみずからの権利を主張する証拠文書のみならず、その権利の依拠する法をもさがしだして提出する必要があり、法廷はその提出された文書と法令にそってのみ審理を行ったのである。

　このためみずからの権利にかかわる文書は大事に保管しておかねばならなかった。中世の文書が今に多く残されているのはそのためである。東寺《とうじ》に残された大量の文書は加賀《かが》の前田家により一〇〇の箱に分類整理され（「東寺百合《ひゃくごう》文書」）、また東大寺《とうだいじ》の大量の文書も長く大事に保管されて、ともに国宝に指定されているが、その東大寺では、十一世紀初頭に別当になった永観《えいかん》▲の時代に文書が保管されるシステムが整えられるようになった。

　これ以前には別当《べっとう》が交代するたびに文書が持ち去られていたのを、東大寺を立て直すために寺に残すことと改めたもので、以後、東大寺では継続的に文書が蓄積され、訴訟に備えられた。院政期に東大寺の事務を担った覚仁《かくにん》▲という僧は、これらの文書を駆使し、朝廷の荘園整理に対応するかたわら、また東大寺

▼**永観**　一〇三三〜一一一一年。禅林寺《ぜんりんじ》の深覚《しんかく》に師事し、南都《なんと》教学を学んだが、浄土教《じょうどきょう》に帰依《きえ》して専《せん》修念仏《じゅねんぶつ》を説き、民衆に広く勧めるかたわら、白河上皇に求められて東大寺別当になった。

▼**覚仁**　生没年未詳。十二世紀に活躍した東大寺の所司《しょし》。代々の別当のもとにあって伊賀《いが》国の黒田《くろだの》荘《しょう》などの東大寺の荘園経営につくした。

の修理や荘園再興のために獅子奮迅の活躍をしたが、そのために「南京悪僧《なんきょうあくそう》」と称される批判をあびることにもなった。

しかしこうして文書が重視されると、逆に偽の文書を作成して、訴訟を起こしたり、有利に進めようとすることもなされた。一二九八（永仁《えいにん》六）年にだされた永仁の徳政令《とくせいれい》は、幕府を支えている御家人の生活の窮迫を救うために発せられた法令で、御家人を対象として借金の棒引きを命じているが、この徳政令がだされたと聞くや、御家人でない人びともすぐに土地の取戻しに動いている。ただ法令の適用を受けるためには御家人の身分であることを証明する文書が必要とされ、なかでも源氏三代の将軍のときに御家人として認定されたとする文書が有効だったから、それが幕府に提出され、そのいくつかは当時編纂されていた『吾妻鏡』に載っているが、いずれもあやしい文書である。

このように自力救済が前提にあった社会であればこそ、公正な裁判も期待されたのであり、それに応じて鎌倉幕府は裁判制度を整えていった。西国の訴訟は六波羅探題《ろくはらたんだい》▲、九州の訴訟は鎮西探題《ちんぜい》▲が扱うとするなど、鎌倉後期になるといちだんと裁判制度の整備は進んだが、同時に権力はその存在をつねに問われた。

▼**六波羅探題**　承久の乱後に鎌倉幕府が京都の六波羅においた出先機関。北方と南方の二人制で朝廷の監視と洛中《らくちゅう》の治安を担い西国の裁判も行ったが、確定判決権はあたえられなかった。

▼**鎮西探題**　モンゴルの襲来後に博多におかれた鎌倉幕府の出先機関。九州の統治を担い、管内の御家人の軍事指揮権からさらに確定判決権付きの裁判権を握った。

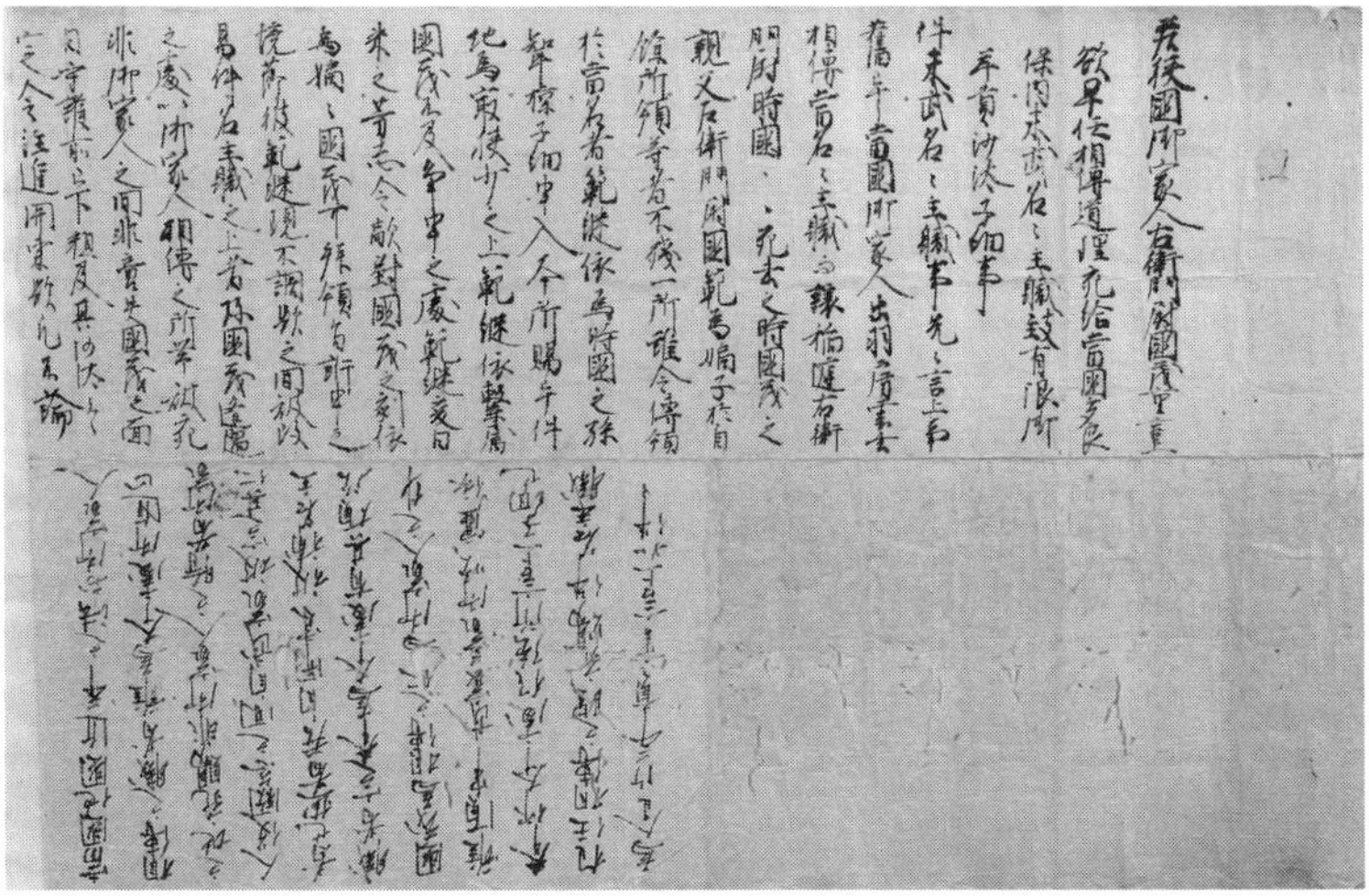

●──折紙《おりがみ》訴《そ》陳状《ちんじょう》（「東寺百合文書」）

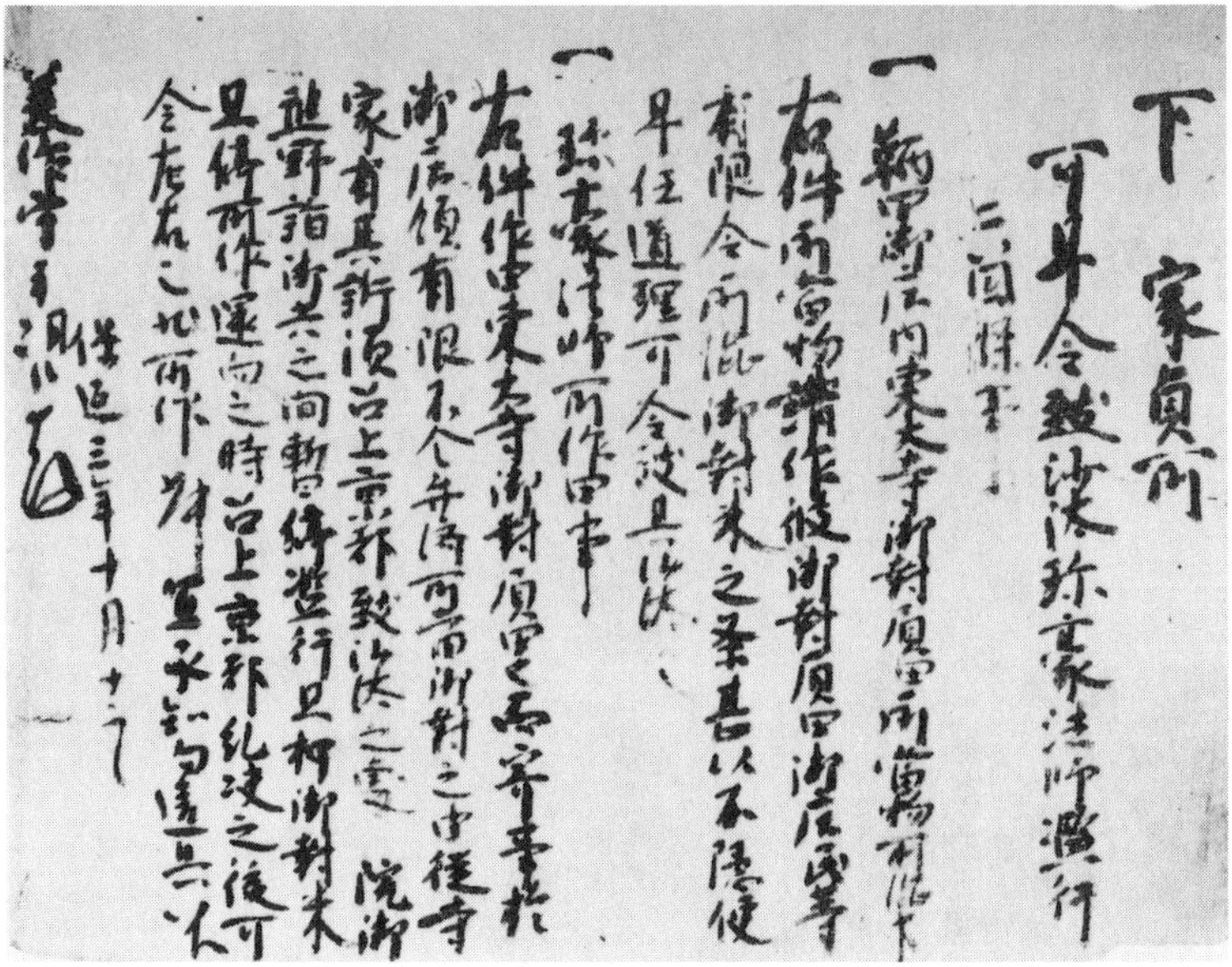

●──美作守《みまさかのかみ》平《たいらの》忠盛《ただもり》下文《くだしぶみ》（「東大寺文書」正倉院宝物）

なんのための権力か。撫民《ぶみん》が求められ、徳政が求められ、また強訴《ごうそ》によって要求が突きつけられた。神仏の力が動員され、その対応に苦しむことにもなった。

現代のように、選挙という制度で権力をあずかっているわけではないので、対応を一つまちがえれば、下剋上《げこくじょう》ということもあった。薄氷を踏む思いの権力者の動きと、死を賭して要求を突きつける人びとの動きが交錯していた。

そうしたなかにあっては、政治的なリーダーシップをとることも容易ではなかった。先見性のあるリーダーの多くは殺害されている。保元の乱で実権を握って、あらたな政治構想を示した信西《しんぜい》(藤原通憲《みちのり》)▲は平治の乱でほうむられ、蒙古襲来《もうこしゅうらい》を退けた幕府にあってあらたな危機に直面して弘安《こうあん》の徳政を推進した安達泰盛《あだちやすもり》▲は霜月騒動《しもつきそうどう》で滅ぼされている。南北朝《なんぼくちょう》の動乱の時代に合議政治を推進し、法による政治を行おうとした足利尊氏《たかうじ》の弟直義《ただよし》も滅ぼされている。

現代社会でも国際化の流れのなかで自立・自力での活動が強く求められつつあるが、中世社会はそれが当然の社会だったのである。

▼**信西(藤原通憲)**　?〜一一五九年。後白河天皇の乳母の夫としてその側近となり、天皇を皇位に就け、保元の乱では崇徳《すとく》上皇方を倒し、政治の実権を握ったが、政敵の藤原信頼《のぶより》に滅ぼされる。

▼**安達泰盛**　一二三一〜八五年。得宗の外戚の家に生まれ、弘安の徳政と呼ばれる政治改革を北条貞時《さだとき》のもとで推進したが、政敵の御内人平頼綱《よりつな》により一二八五(弘安八)年の霜月に攻め滅ぼされる。

▼法然　一一三三～一二一二年。美作《みまさか》の武士の家に生まれ、延暦《えんりゃく》寺《じ》に出家したのち、専修念仏を訴え浄土宗を開いた。『選択本願念《せんちゃくほんがんねん》仏集《ぶつしゅう》』などを著わして信仰を人びとに勧めたが、一二〇七(承元《じょうげん》元)年に讃岐《さぬき》に流された。

●―法然

③―信仰の世界からみえるもの

仏教と民衆

現代につながる仏教の宗派の淵源をたどると、中世の仏教にたどりつくことはよく知られているが、それはこの時代に民衆を対象として信仰が訴えられ、それが形を整えてきたことによる。念仏《ねんぶつ》を唱えて往生《おうじょう》へと導く浄土宗《じょうどしゅう》は、院政《いんせい》期の永観《えいかん》が専修《せんじゅ》を主張してから広まったが、その永観は弱者の救済に心をくだき、獄にいる人びとや病人への施行をしばしば行い、また京の民衆に向けて往生のための行儀を演じる往生講《こう》などを開いた。

勧進《かんじん》活動が広まったのはそのころからで、勧進により仏教の信仰を勧めていた重源《ちょうげん》は、東大寺《とうだいじ》の大仏《だいぶつ》再興勧進を行うなか、民衆の熱狂を呼び起こしたが、信仰の世界では真言《しんごん》念仏を人びとに勧めた。そして同じ重源の時代に専修念仏を強く訴えたのが法然《ほうねん》▲であるが、これは体制仏教としての顕密《けんみつ》主義からの大きな批判をあび、ついに法然らは流罪《るざい》に処されている。

顕密主義とは、祈禱《きとう》中心の密教《みっきょう》を基調として、顕教《けんぎょう》・密教の仏教を王権《おうけん》のも

▼白河上皇　一〇五三〜一一二九年。後三条《ごさんじょう》天皇の第一皇子。一一八六(文治《ぶんじ》二)年に堀河《ほりかわ》天皇に譲位したのち、その政治の後見をすることで院政の道を開き、堀河天皇の没後に幼い鳥羽《とば》天皇を擁して本格的な院政を開始した。

とに組み込んだ体制であり、院政期の白河上皇《しらかわじょうこう》▲のころに成立している。上皇が国王の氏寺《うじでら》と称された法勝寺《ほっしょうじ》を創建し、皇子を出家させ仁和寺《にんなじ》にいれて法親王《ほっしんのう》となし、みずからも出家して法皇《ほうおう》となるなかで整えられてきたもので、延暦《えんりゃくじ》寺や興福寺《こうふくじ》などの大寺院が厚く保護され、さらに王権・寺院と結びついた伊勢《いせ》・八幡《はちまん》・日吉《ひえ》・春日《かすが》など二二社の神祇《じんぎ》信仰も組み込まれた。

法然の念仏宗の専修性や民衆的性格はこうした顕密主義をゆるがすものであったから、延暦寺や興福寺の大衆《だいしゅ》がこれを朝廷《ちょうてい》に訴えるなか、院の小御所《こごしょ》の女房《にょうぼう》にまで信仰を勧めた法然門下の安楽《あんらく》らの活動が問題視され、法然は流され、安楽は処刑されるにいたったのである。

しかし顕密主義の綻《ほころ》びは、修行のあり方や戒律《かいりつ》の問題にあらわれていた。僧の腐敗がしばしば指摘されるなかで、大陸に渡った僧がもたらしたのが、宋朝《そう》における禅《ぜん》・律《りつ》・教《きょう》の三つを兼修する仏教のあり方である。「禅」とは修行としての禅であり、「律」は戒律としての律、「教」とは学問としての教であるが、これの導入により、教に重きをおいていた顕密主義が相対化され、禅律に重きをおいた禅律主義というべき傾向が広がりをみせた。

その禅律主義の代表が禅宗であり、律宗であったが、鎌倉幕府がそのうちの禅宗については早くに栄西《えいさい》▲を招いて保護し、律宗についても叡尊《えいぞん》▲を招いて保護するようになると、朝廷でも禅宗と律宗を保護するようになり、以後、顕密主義と禅律主義とは相互に分野を分けあって共存するところとなった。

このように鎌倉時代を通じて、仏教の教義にみえる多様な性格のなかから、重要な部分を選択して民衆への布教と結びつける努力が払われた結果、今日につながる仏教宗派の基礎が築かれていったのである。日蓮《にちれん》は法華経《ほけきょう》の教義を重視して日蓮宗を開き、一遍《いっぺん》は念仏の教義と民衆への布教の手段としての踊り念仏と念仏札の配布により時宗《じしゅう》の信仰を獲得していった。

神仏への信仰

ただ民衆にとってはそうした宗派の問題は二の次のことである。疫病《えきびょう》や飢饉《ききん》がつねに襲ってきた中世社会では、死・病の恐怖が身近にあった。暗闇が広がり、時間がゆったり流れるなかで、神仏への信仰が生まれてきたのである。

十世紀の末から十一世紀初頭にかけて、広く疫病が蔓延するなかで多くの人

▼**栄西**　一一四一～一二一五年。備中《びっちゅう》の生まれで天台教学《てんだいきょうがく》を学んだのち、二回の渡宋《とそう》によって臨済宗《りんざいしゅう》を伝えた。『興禅護国論《こうぜんごこくろん》』を著わして禅宗の布教に取り組み、『喫茶養生記《きっさようじょうき》』を著わして茶の文化を広めた。

▼**叡尊**　一二〇一～九〇年。醍醐寺《だいごじ》に出家したのち、南都で戒律の復興運動にかかわり、西大寺を基点として律宗を広めた。幕府や朝廷の要人に戒律を勧めた経緯などは自伝の『感身学正記《かんじんがくしょうき》』に詳しい。

●――叡尊

びとが亡くなったが、それとともに庶民を救ってくれる神として登場したのが若宮《わかみや》・王子《おうじ》・今宮《いまみや》などの神で、その名はとりどりに変わっているが、本質は同じである。今様《いまよう》がよくささげられ、うたわれたのがこの若宮の神であり、つぎの『梁塵秘抄《りょうじんひしょう》』の二四二番にこううたわれている。

神の家の小公達《きんだち》は　八幡の若宮　熊野《くまの》の若王子《にゃくおうじ》　子守御前《こもりおまえ》　比叡《ひえい》には山王《さんのう》十禅師《じゅうぜんじ》　賀茂《かも》には片岡《かたおか》　貴船《きふね》の大明神

『梁塵秘抄』「神歌《かみうた》」の冒頭におかれた、若宮を列挙した歌である。石清水《いわしみず》八幡の若宮、熊野権現《ごんげん》の若王子と子守御前、比叡山の日吉社の山王十禅師社、賀茂社の片岡社と貴船社の大明神がことに霊験《れいげん》がある、とよまれている。これらは旧来の神社のなかに生まれたあらたな神であり、同じころに生まれた祇園社《ぎおんしゃ》や北野社《きたのしゃ》と同じく御霊《ごりょう》の神であった。現代でも多くの都市の神社の祭礼は、この御霊の神の系譜を引く神社のものである。

祇園社では、京都の祇園祭を始めとして、博多の櫛田《くしだ》神社の祇園山笠《やまかさ》が広く知られていよう。若宮では奈良の冬の祭礼として古式豊かな春日社の若宮おん祭が代表格である。八幡宮の祭礼も各地に多いが、鎌倉の鶴岡八幡宮は若宮八

●──石清水八幡宮境内図(『一遍聖絵』)　右下が若宮。

●──古都奈良の冬の風物詩，春日若宮おん祭

幡と呼ばれたように、もともとは石清水八幡の若宮が勧請《かんじょう》されて成立したものであった。

古代の『延喜式《えんぎしき》』に記されているような式内社《しきないしゃ》▲は、もはや民衆の頼みを聞いてくれるものではなくなっていた。猛威をふるう疫病や飢饉から救ってくれる神を民衆は待望しており、それに応じてあらわれたのが御霊の神であって、その神をまつることで猛威を鎮撫したのである。したがってその神は祟《たた》る神であるとともに、救う神でもあるという両義性を有していた。つぎの『梁塵秘抄』の三六三番は八幡の若宮にささげられた今様である。

嫗《おうな》が子どもはただ二人　一人の女子は二位中将殿の厨雑仕《くりやぞうし》に召ししかば
奉《たてま》てき　弟の男子は　宇佐《うさ》の大宮司《だいぐうじ》が早船舟子に請ひしかば　奉《また》いてき
神も仏も御覧ぜよ　何を祟りたまふ　若宮の御前ぞ

このように祟る神に今様をささげて神の許しを請うことが行われたが、そのいっぽうで神の救う側面は、仏の化身《けしん》としてとらえられていた。すなわち八幡の若宮の本地（本来の姿）は十一面観音《かんのん》、春日の若宮の本地は文殊菩薩《もんじゅぼさつ》とされ、その仏たちが救ってくれるものと考えられるようになったのである。神仏習《しんぶつしゅう》

▼**式内社**　九〇五（延喜五）年に編纂された律令法《りつりょうほう》の施行細則である『延喜式』の神名帳《じんみょうちょう》に記されている神社。神祇官《じんぎかん》のまつる官幣《かんぺい》社《しゃ》と国司《こくし》がまつる国幣社《こくへいしゃ》からなり、古代国家から保護されていた。

合《ごう》による本地垂迹説《ほんじすいじゃくせつ》▲の広がりである。

今では多くの神社が明治維新の際の廃仏毀釈《はいぶつきしゃく》▲の影響を受けて仏教色を消し去ってしまったが、それ以前には神社で仏がまつられているのはごく普通のことだったのである。そもそも鶴岡八幡や石清水八幡は八幡宮寺《はちまんぐうじ》と称され、僧が管轄していたのであり、その本地は衆生《しゅじょう》を浄土に導く阿弥陀仏とされていた。

ところでその救う仏も、時代の変化とともに流行があった。まず疫病の流行とともに薬師如来《やくしにょらい》▲の信仰が広まった。比叡山《ひえいざん》延暦寺の根本中堂《こんぽんちゅうどう》の本尊は薬師如来であり、京都では太秦《うずまさ》の広隆寺《こうりゅうじ》の薬師如来や因幡薬師堂《いなばやくしどう》への信仰が盛んとなった。ついでさまざまな難を引き受けてくれる観音菩薩の信仰が広がるとともに、各地に観音霊場《れいじょう》が生まれ、西国《さいごく》三十三カ所や四国六十六カ所の観音霊場をめぐる巡礼が行われた。

さらに往生を求める人びとの信仰にそって阿弥陀仏が、また地獄の責め苦を引き受けてくれる地蔵《じぞう》菩薩の信仰も広がった。中世の道の路傍におかれた石仏《せきぶつ》に観音や地蔵が多いのは、路行く人びとの難や責め苦をこれらの仏が引き受けてくれると考えられたからである。

▼**本地垂迹説**　仏や菩薩が衆生の救済のために仮の姿をとってこの世にあらわれるとする神仏習合の思想の一つ。本地が観音の場合は慈悲をもたらし、文殊の場合は知徳をもたらすと考えられた。

▼**廃仏毀釈**　一八六八（明治元）年の神仏分離令《しんぶつぶんりれい》を契機にして行われた、神社から仏教色を取り除く運動。多くの仏像が壊された。

▼**薬師如来**　所願成就など一二の誓願を起こして衆生を救う仏とされ、とくに治病・延命や不老長寿を願う人びととの信仰を集めた。

▼**親鸞**　一一七三〜一二六二年。京の貴族の日野《ひの》氏出身。法然に師事して専修念仏を深め、一二〇七(承元元)年に越後《えちご》に配流《はいる》されたのち、東国を布教して浄土真宗を開いた。主著に『教行信証《きょうぎょうしんしょう》』がある。

●—**親鸞**(熊皮《くまがわ》の御影《ごえい》)

▼**明恵**　一一七三〜一二三二年。紀伊《きい》の湯浅党《ゆあさとう》の武士の出身。華厳《けごん》宗《しゅう》を学び、京の栂尾《とがのお》に高山寺《こうざんじ》を開いた。法然の浄土宗を批判した『摧邪輪《さいじゃりん》』を著わし、観行《かんぎょう》と学問を重視した。

契約と起請文

神仏を身近な存在と考えていた人びとは、神仏の前に参籠して祈り、神仏からのメッセージを受け取った。若宮などの神には巫女《みこ》がいて、神との媒介をすることが多く、その際に今様をささげたり、神からのメッセージを今様の歌として受け取った。

しかし多くの場合、人びとは夢を通じて神仏のメッセージを受け取っていた。真宗《しんしゅう》を開いた親鸞《しんらん》▲は観音霊場である京の六角堂《ろっかくどう》に参籠していたときに、聖徳太《しょうとくたい》子《し》の夢をみて信仰を確信したという。

中世の人びとにとって夢はとても大事なものであった。華厳宗《けごんしゅう》の明恵《みょうえ》▲には夢をみた記録『夢記《ゆめき》』があり、摂関家《せっかんけ》の九条兼実《くじょうかねざね》の日記『玉葉《ぎょくよう》』には、兼実のために良い夢をみる人びとが近くにいていつも夢見の報告にきていたが、兼実自身も多くの夢をみたことが記されている。摂関を志した兼実が摂関になるのを確信したのも夢であったことを、弟の慈円《じえん》の歴史書『愚管抄《ぐかんしょう》』は記している。

神仏の力はさまざまな場に利用された。中世には文書が重視されたことはさきに指摘したが、その文書の効力を高めるために神仏の威力を文書に吹き込む文書加持《かじ》がなされた。また文書に書かれたことを守ることを誓う起請《きしょう》の詞《ことば》を記すこともよく行われた。それには日本国内の神仏や在地の神や仏の名がならべて記され、これらに契約の履行や命令の実行を誓っている。もしそうした神仏に背いて誓いを破ったときは、身体中の毛穴すべてに罰をこうむることがしばしば記されている。

鎌倉幕府の評定衆《ひょうじょうしゅう》は『御成敗式目《ごせいばいしきもく》』を制定したときに、理非の成敗を神にかけて公平に行うことを誓う起請文《きしょうもん》▲を作成しており、また高野山《こうやさん》領太田荘《おおたのしょう》(広島県世羅《せら》町に所在)の住民は、年貢・公事《くじ》を決まった額のとおりにおさめることを神にかけて誓っている。

中世の人間関係においては、この神仏を媒介とした契約関係が大きな比重を占めていたことがわかる。主従関係や、荘園《しょうえん》の領主《りょうしゅ》・荘民《しょうみん》関係も基本はこの契約関係から成立しており、どちらか一方が契約に違反したのならば、破棄されても当然な関係にあった。

『平家物語《へいけものがたり》』につぎの話がみえる。白河上皇が三井寺《みいでら》の頼豪《らいごう》に祈祷《きとう》を依頼し、かなえられたならば望むものをあたえる約束をしたところ、祈祷に功のあった

▼**起請文**　契約した内容を神仏に誓うことを記した文書。神仏の名前をならべて誓い、背いたならば神仏の罰を受けることを罰文《ばつぶん》として記す。木版刷の牛王宝印《ごおうほういん》の裏に記すことが多い。

▼和田合戦　一二一三（建保《けんぽ》元）年五月に和田義盛が北条義時《よしとき》に支えられた源実朝《みなもとのさねとも》に反旗をひるがえして挙兵した合戦。同族の三浦一族が将軍方についたので和田一族は滅亡した。

頼豪は三井寺に戒壇《かいだん》の設立を望んだが、延暦寺の反対にあい、それだけはできないと上皇が断わると、頼豪は恨んで、上皇の中宮《ちゅうぐう》を祈り殺した、という。

鎌倉幕府の御家人《ごけにん》の和田義盛《わだよしもり》は、親族が謀叛の罪を着せられたことから、一族で御所《ごしょ》の庭中に参じて赦免を要求したが、それが認められないとわかると、ついに主従の関係を断ち切って蜂起し、和田合戦▲を起こしている。主人は従者《じゅうしゃ》の奉公《ほうこう》の見返りに従者を安堵《あんど》させなければならず、その安堵を果たせないような主人は主人として認められなかったのである。

荘園の住民にとっても安堵の義務を果たせないような領主ならば、領主たりえず、その荘園を退散する逃散《ちょうさん》も合法的とみられていた。しかし弱小な住民がこうした行動をとることは死をも意味していたから、彼らは契約団体としての一揆《いっき》を形成し、一揆の力で対抗するようになった。

一揆の場

中世は一揆の時代とも称されるように、広く一揆契約が結ばれたが、この一揆の結びつきが見え始めるのは、南都《なんと》北嶺《ほくれい》の大衆《だいしゅ》が鎮守《ちんじゅ》の神木《しんぼく》や神輿《しんよ》を担って

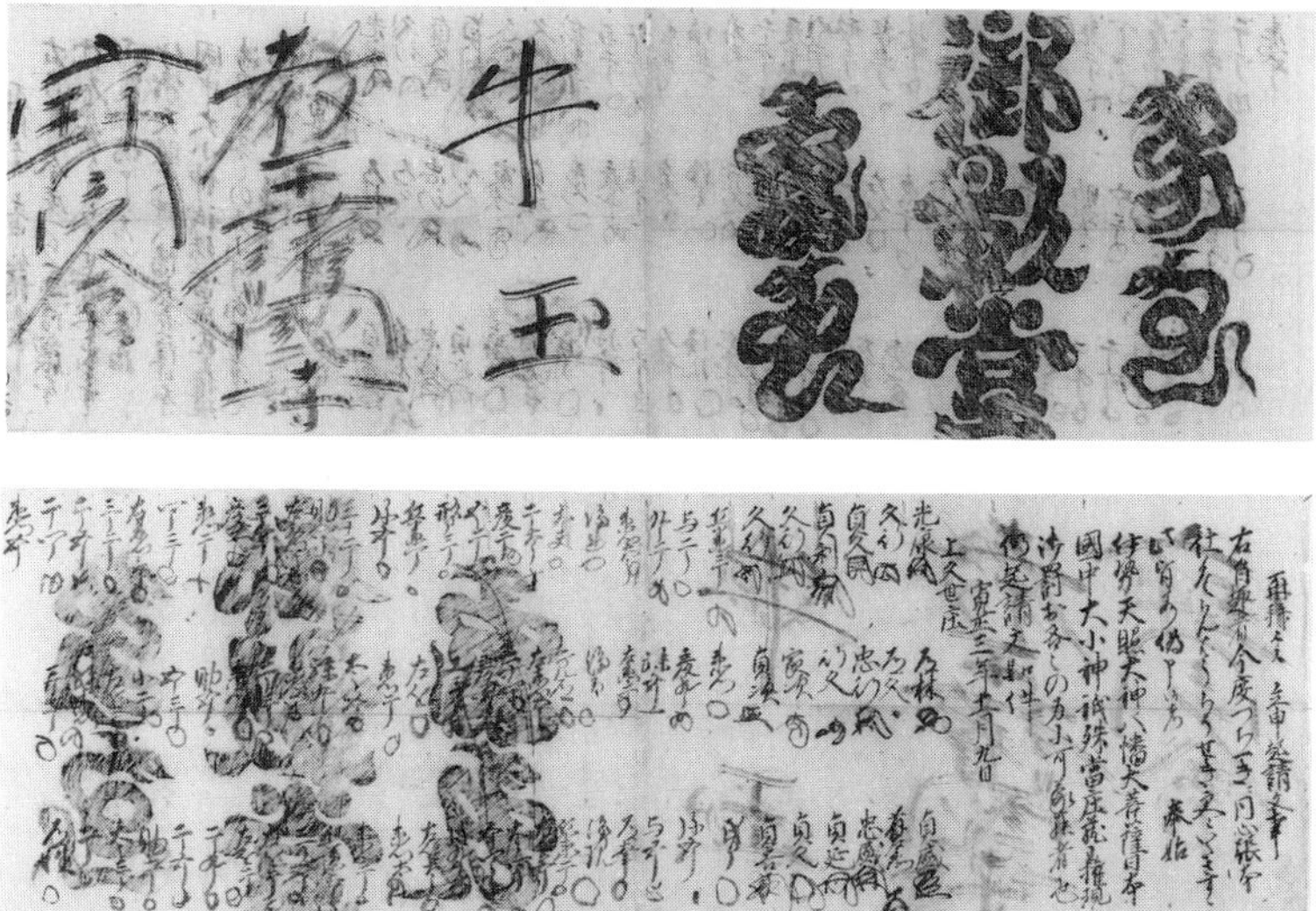

●──山城国《やましろのくに》上《かみ》久世荘《くぜのしょう》百姓《ひゃくせい》等《ら》連署《れんしょ》起請文《きしょうもん》(「東寺百合文書」)

●──裹頭《かとう》の僧たちの集会(『法然上人絵伝』)

強訴《ごうそ》にかかわるようになってからである。強訴とは「理不尽」の訴訟と称されるように、理非の判断を求める性格のものではなく、生存・存在をかけた「安堵」を求める訴訟であった。大衆たちは集会を開いて談合し、もしも訴えがいれられないならば山内《さんない》から退散するか、国家を呪うとして一揆したのであり、その際に鎮守の神の力をも借りたのであった。

しかし一揆がより広く意識されるようになったのは承久《じょうきゅう》の乱《らん》後のことである。この時期から参加者が平等な意識をもって一味同心《いちみどうしん》する集団が広くみえるようになった。その一つに連歌《れんが》▲の場における集団がある。無住《むじゅう》の『沙石集《しゃせきしゅう》』巻五には、毘沙門堂《びしゃもんどう》や法勝寺などでの花下《はなのもと》の連歌の風景を記しているが、それはまさに一揆の場というにふさわしく、参加者は平等な資格で共通の意思を形成していた。遁世者《とんぜしゃ》や修行者らも集まり、連歌に興じていたが、同じ時期に西大寺《さいだいじ》の叡尊《えいぞん》らによってなされた自誓受戒《じせいじゅかい》にもその一揆の性格は認められる。

叡尊は、東大寺の尊円《そんえん》が、東大寺や西大寺などに持斎僧《じさいそう》をおいて戒律《かいりつ》の復興を志しているという話を伝え聞くと、望んで西大寺の持斎僧になり、それを契機に戒律復興を志す人びとと知り合って強い絆で結ばれ、一二三六(嘉禎《かてい》二)年

▼**連歌**　和歌《わか》の上句《かみのく》と下句《しものく》を別人がよみ、つぎつぎと唱和させていく文芸。連衆《れんしゅ》と呼ばれる参加者により鎌倉時代から隆盛を迎え、勝負を競う連歌師が生まれ、武士も集団で楽しんだ。

に興福寺の覚盛《かくじょう》や円盛《えんじょう》・有厳《ゆうげん》らとともに、自誓受戒という方法で受戒をとげた。戒師《かいし》から戒律を授けられるのではなく、自誓により戒を受けるこの方法は、勉学と同志的な結合を通じて達成をはかったものであり、明らかに一揆的な強い意思が認められる。

鎌倉幕府でも一揆の場が形成されていた。北条政子《ほうじょうまさこ》が一二二五（嘉禄《かろく》元）年七月十二日に亡くなった直後、執権《しっけん》北条泰時《やすとき》は有力御家人による合議政治をめざし、十二月二十一日に新御所に連署《れんしょ》の北条時房《ときふさ》や評定衆を集めると、「評議始《はじめ》」を行ったが、それは執権を中心として、有力御家人から選ばれた評定衆の合議によって政治を運営する体制の成立を意味するものであった。

続いて一二三二（貞永《じょうえい》元）年には『御成敗式目《ごせいばいしきもく》』（貞永式目）を制定し、その際に評定衆一三人は理非の裁断には公平にあたることを神に誓う起請文を提出しており、まさにこの式目は評定衆の一揆の産物にほかならない。あらたな法の制定の背景にも一揆の力があったのである。

この時期には『平家物語』などの軍記《ぐんき》物語や『宇治拾遺《うじしゅうい》物語』『古今著聞集《ここんちょもんじゅう》』などの説話集にみられるようにあらたな文学作品が多く生まれているが、それらの背景には人びとが寄り集まって話をするような場が形成されており、そこで語られ、洗練されて作品が成長していったのである。

『平家物語』の冒頭の「殿上《てんじょう》の闇討ち場面」をみてみよう。平忠盛《たいらのただもり》の破格の昇殿を聞いた殿上人《てんじょうびと》▲たちは五節《ごせち》の宴《うたげ》▲の夜に闇討ちを企てたが、それを知った忠盛は、家人《けにん》を庭にひかえさせ、中身のない刀をおびて殿上にのぼって難を避けることができた。そのとき殿上人は一揆して訴えた。これでは同じ殿上人としてはやってはいけない、忠盛の昇殿を取り消すか、それができないならば、われわれの殿上の札(簡)を返上したい、と。しかし忠盛に非はないとされ、殿上人の訴えは認められなかった。

どうもこうした事実はなかったらしいのだが、一揆が力をもった時代にあって、それをも乗り越えて平家が栄華の基礎を築くにいたった事情を象徴的に語ったものであろう。

このように一揆はあらたな法や文化を生むことになったのだが、そこには排他性という問題をも抱え込んでいたことを忘れてはならない。

▼**殿上人**　寝殿《しんでん》の殿上に伺候《しこう》することを許された人。とくに内裏《だいり》の清涼殿《せいりょうでん》の殿上の間《ま》への昇殿を許された人は内《うち》の殿上人と称され、地下人《じげにん》に対して雲上人《うんじょうびと》とも称された。

▼**五節の宴**　十一月の中の辰《たつ》の日に行われた豊明《とよあかり》の節会《せちえ》のあとの宴。舞姫による五節の舞が行われ、その後、開かれたこの宴では殿上人になったばかりの新人が囃《はや》されて舞うことが多かった。

④―民衆の世界からみえるもの

一味神水と惣

中世社会の展開とともに民衆の世界が見え始めるようになる。民衆の世界は古代でも考古学の発掘などから知られることはあるが、中世社会では文献のうえからも民衆の世界や動きがはっきりとみえるようになり、それはまた民衆の力の登場を意味していた。さきに述べた勧進は、まさにその民衆の力を結集したものにほかならない。

その民衆の世界も鎌倉後期になってからいちだんと明らかになってくるが、一揆《いっき》の場もこの時期から広く民衆にまでみられるようになり、荘園領主《しょうえんりょうしゅ》や地頭《じとう》に対抗することも多くなった。

それまで田地の開発の中心になっていたのは武士を中心とする開発領主であった。鎌倉幕府の訴訟の解説書『沙汰未練書《さたみれんしょ》』は、御家人《ごけにん》について「開発領主」として形成した所領を幕府に安堵《あんど》されたものと規定しており、所領の開発が御家人を象徴するものであった。実際、幕府はしばしば東国《とうごく》の地頭に開発を進めるように命じている。

しかし鎌倉後期になると、一二九四(永仁二《えいにん》)年に和泉国《いずみ》池田荘《いけだのしょう》の箕田村《みのだ》(大阪府和泉市)で名主《みょうしゅ》・百姓が新池をつくるために領主とのあいだで契約を結んでいるように、百姓が開発を中心的に担うようになっていた。またこの時期には荘園の絵図が多く作成されているが、そこには百姓が造成にかかわった新池・今池が描かれている。

そうしたなかで一二七五(建治《けんじ》元)年に、紀伊国《きい》の阿氐河荘《あてがわ》の上村《かみ》(和歌山県有田川町《ありだがわ》)では百姓が地頭の乱暴を訴えた際に仮名《かな》の訴状を作成し、このままでは安堵できないとして数々の地頭の非法を記している。これに対して、地頭は百姓が「一味《いちみ》をなし、神水《しんすい》を飲み、地頭の課役を打止め」ようとするものとその行為を非難している。

ここにみられる「一味」「神水」とは、村の百姓が鎮守《ちんじゅ》の神の前に集まり、一揆の契約状を作成して神にかけて誓う、一味同心の契約であって、そこでは、合意した契約状を焼いて水にいれて飲みまわし、一味神水の誓いを行うことを作法としており、これにより強訴《ごうそ》や逃散《ちょうさん》という抵抗手段がとられたのである。

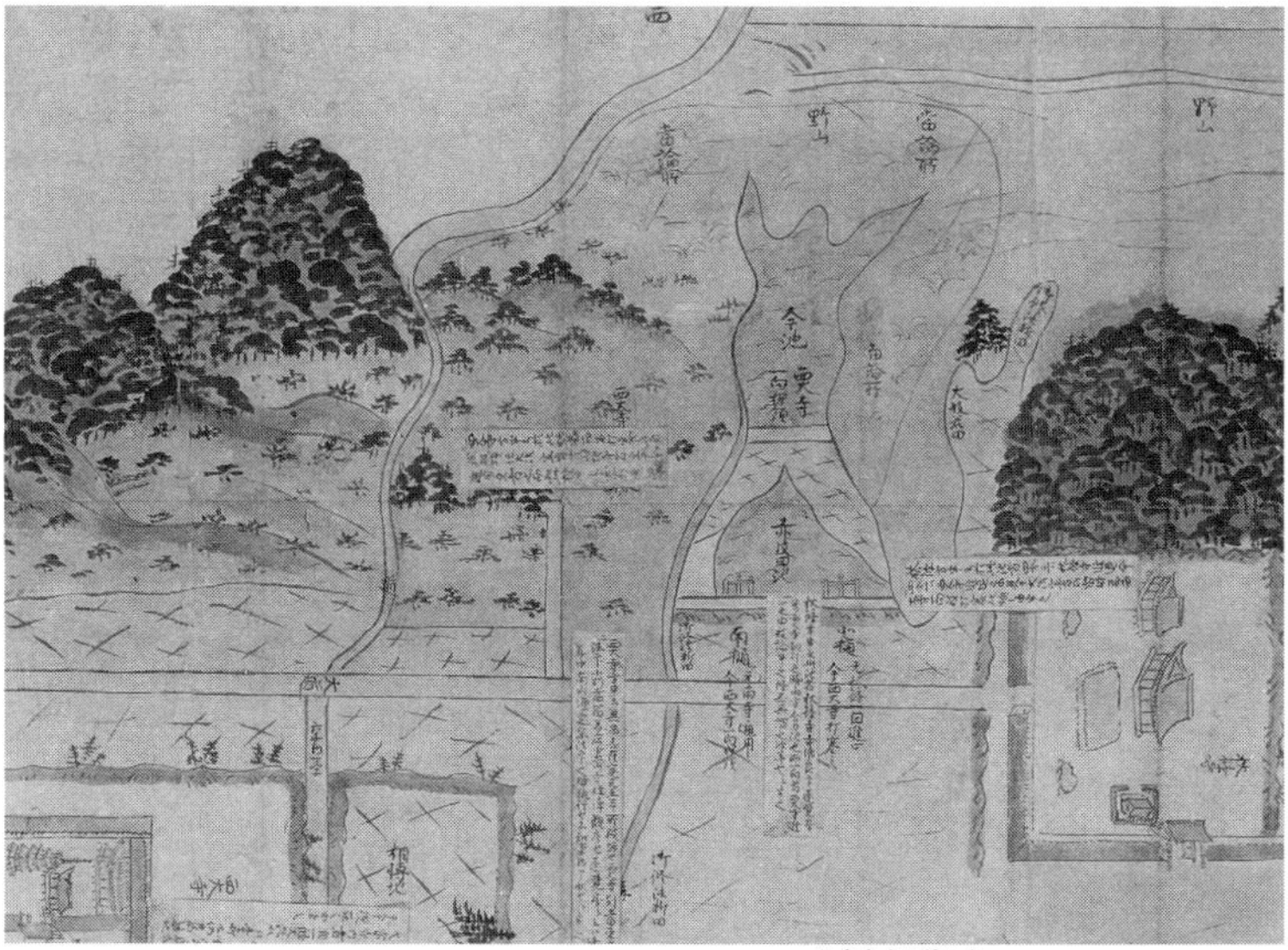

●──鎌倉時代後期の開発にともなってつくられた大和西大寺《やまとさいだいじ》近くの今池(「大和国西大寺与《と》秋篠寺《あきしのでら》堺《さかい》相論絵図」)

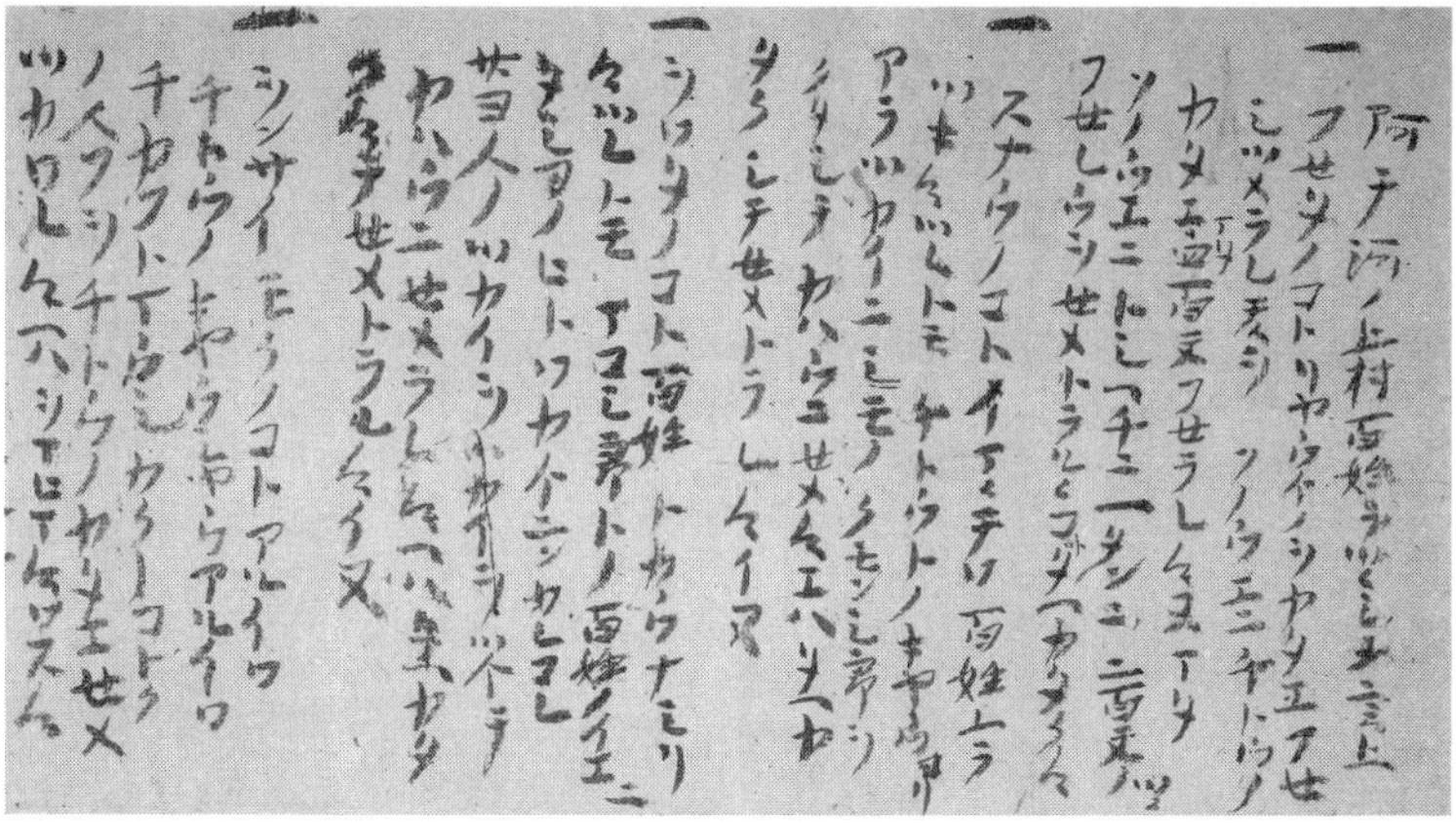

●──阿氐河荘民の仮名の訴状(「高野山文書」)

その一揆の場の母体となったのが、村の集まりとして形成された「惣《そう》」である。一二六二(弘長《こうちょう》二)年に近江《おうみ》国の奥島《おくしま》荘(滋賀県近江八幡《おうみはちまん》市)では姓のある「百姓」一五人が「規文《きぶみ》」(掟《おきて》)を定めて悪口をする者があれば村から追放することを定めている。さらに一二九八(永仁六)年にも「一味同心」して隣接する荘園に味方する者は追放すると定めているが、このときには荘園を構成する奥島村・北津田《きたつだ》村のあわせて九七人もが連署している。

このように村の成長とともに一揆の構成員は広がっていった。近江国の菅浦《すがうら》(滋賀県長浜《ながはま》市)では蔵人所《くろうどどころ》に奉仕する供御人《くごにん》▲が中心になって村を構成していたが、一三三五(建武《けんむ》二)年になると住人七二人全員を供御人にすることを朝廷《ちょうてい》に要求しており、さらに一三四二(暦応《りゃくおう》五)年には隣接する荘園との係争地を住人全員に配分して耕作するものと定めている。

こうして惣村は惣の掟を定め、惣の知行地《ちぎょうち》を所有し、さらに文書を作成・保管して惣の権利を主張したが、年貢の請負をも行った。早くは一三一八(文《ぶん》保《ぽう》二)年に丹波《たんば》国の大山《おおやま》荘一井谷《いちいだに》村(兵庫県篠山《ささやま》市)の百姓が東寺《とうじ》におさめる年貢を定額で請け負っている。田地を上中下の三段階に分類し、百姓ごとにその所

▼**供御人**　天皇の供御(食物)を貢納し、蔵人所や内蔵寮《くらりょう》などの官庁の支配下にあった人びと。課役の免除や自由通行権などの特権が認められていた。

有する面積と年貢量を書き上げ、そのことを確認する百姓自身の花押《かおう》が加えられて請負契約が交わされたのである。

さらに室町時代から戦国時代にかけての戦乱期になると、年貢の一部納入である半済《はんぜい》や借金免除の徳政《とくせい》を条件として、合戦に人をだす村もあらわれた。「自《じ》検断《けんだん》」と称される自衛権に基づく警察権を保持することも行われた。

このように形成されてきた村が、近世の村の源流となったのであり、近世の村で庄屋《しょうや》や名主《なぬし》などが文書行政の中心となったのはその自治の伝統に基づく。しかし近代になると、しだいにその自治の伝統が失われつつあり、その点で中世の村のあり方は今後考えていく手掛りとなりそうである。なお中世の惣が保有した文書は今でも近畿地方の村に残っている。

戦乱と富の蓄積

南北朝《なんぼくちょう》時代になると、中小の武士たちも一揆をつくって行動することが広がり、これは「国人《こくじん》一揆」と称されている。今に残されているその一揆契状は、上部権力との条項、住民との条項、内部の結束条項などからなり、さらに一揆成員が平等で契約したことを表現するための連署の形式がとられた。

南北朝の動乱のなか、南北朝間の対立のみならず、足利《あしかが》方も三つに割れるなど、さまざまな勢力のはざまで団結して行動するために、また支配下の住民の行動に対応していくために、一揆という形での結びつきが求められたのである。

南北朝の動乱は、これまでの戦乱とは違い、長い年月にわたって列島を縦断して行われたから、武士は長期にわたり各地を従軍することになった。その事情は、今に残る武家文書のなかに多くみえる、武士が戦功の認定を要求する軍《ぐん》忠状《ちゅうじょう》からよく知られるが、従軍の装備や食料は自弁が原則であったことを考えると、それを支えるシステムがあったと考えられる。その際に大きな役割を果たしていたとみられるのが各地で成長していた土倉《どそう》や問《とい》である。

動乱期には、戦う武士のために「兵粮《ひょうろう》」(兵糧)の料所《りょうしょ》が支給されたが、一時的に給与されたこの土地の経営は武士にはむずかしく、その経営は現地近くにいる富裕な人びと(有徳人《うとくにん》)によってなされ、そこから兵糧などが支弁されていたものと考えられる。その有徳人が土倉や問である。

すでにこれ以前の鎌倉後期から、従来の形で所領が給与されることは少なく

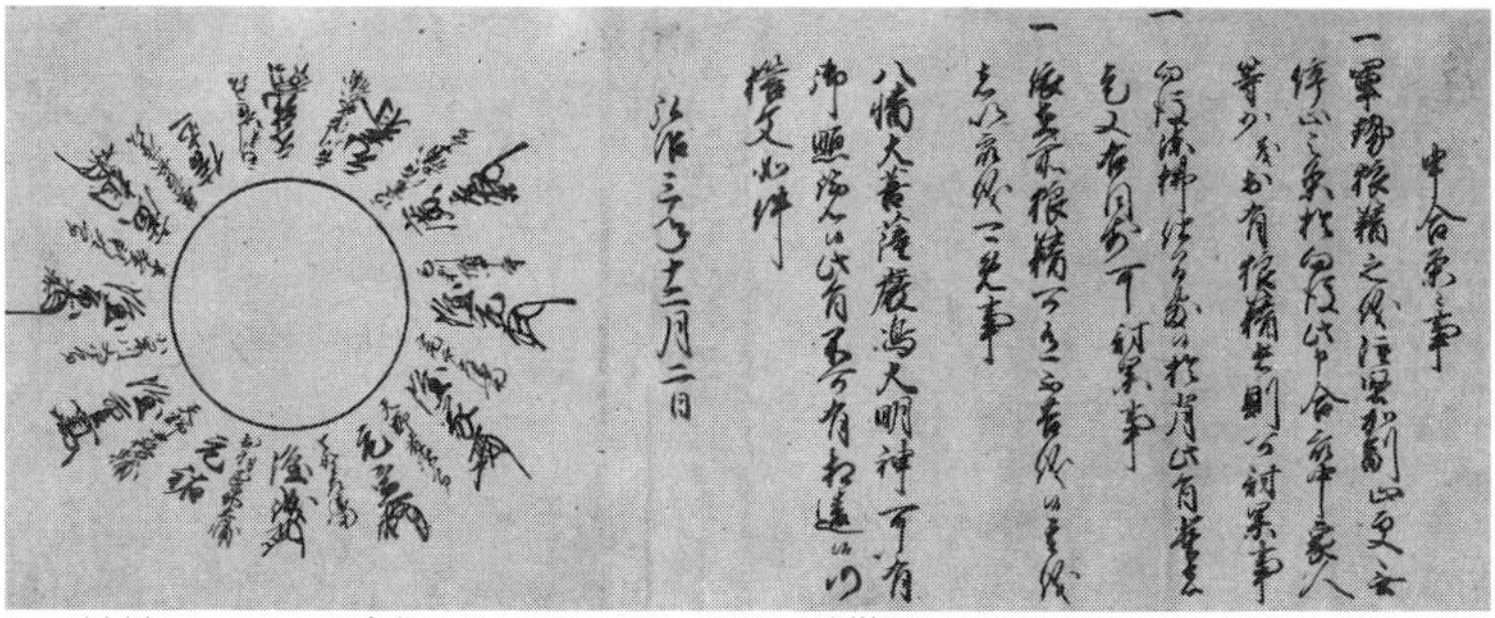

●──傘《からかさ》連判（1557〈弘治《こうじ》３〉年）　毛利家福原貞俊《さだとし》の家臣が作成した一揆契約状。

●──土倉（『春日権現験記絵』）

なっており、料所という形で所領が一時的にあずけおかれる形式のものがふえ、そのためにその土地を他人に委ねて経営することが行われるようになっていた。いっぽうで、京都を中心にして土倉と称される金融業者の経済活動が活発になっていたので、それらが組み合わさって、合戦の戦費は調達されていたのであろう。

このように戦乱は、経済的に逼迫したから起き、継続されたのではない。富が拡散し費用の補充が可能になったことで、戦《いくさ》が長い期間におよんでもたえられるようになったのである。室町幕府の制定した『建武式目《けんむしきもく》』が土倉などの金融業者の保護をうたっているのは、金融業者の活動を無視しては合戦の遂行も経済も成り立たないことを知っていたからである。室町幕府が京都におかれるようになった背景にはこの金融業者の存在が大きかったにちがいない。

やがて戦乱が終息すると、室町幕府は金融業者である土倉や酒屋を本格的に掌握して、そこに幕府の財源を求めていった。一三九三(明徳《めいとく》四)年の土倉・酒屋を幕府の財源とする法令はそのことをよく物語っている。また室町幕府が明《みん》や朝鮮との貿易を行うようになったのも、外交権の掌握という側面はあるにせよ、主には貿易の利を求めてのものであった。

金融業者は金融業のみならず武士の代官《だいかん》として所領の経営を行い、また延《えん》暦寺《りゃくじ》の山僧のみならず禅宗《ぜんしゅう》の僧たちも金融業を営んで、ここに室町幕府は金融資本に依拠した政権の体を示すようになった。そのため、室町後期に多発した土《つち》一揆や徳政一揆などの民衆の一揆は、徳政を標榜《ひょうぼう》して土倉や酒屋を攻撃したり、幕府に借金棒引きの徳政令を求めたりしたのである。

幕府は土倉や酒屋を保護したが、徳政一揆に押されて徳政令をだすかたわら、それでは財源が窮迫することから、分一《ぶいち》徳政令と称する、貸主も借主も金額の何分の一かを幕府に差しだせば、その権利を保護する法令をだすなどした。そこに守護大名《しゅごだいみょう》間の対立もあって、幕府はいよいよ混迷していくことになった。

銭の流通と「資本主義」

このように商業経済が著しく発展したのにもかかわらず、中世には独自の銭貨をつくる動きは乏しかった。古代の本朝十二銭《ほんちょうじゅうにせん》▲の発行が終って以後、長く米や絹が基準通貨のかわりをしていたが、院政《いんせい》期になって宋銭《そうせん》が大量に流入す

▼**本朝十二銭**　古代国家が発行した七〇八（和銅《わどう》元）年発行の和同《わどう》開珎《かいちん》から九五八（天徳《てんとく》二）年の乾元《けんげん》大宝《たいほう》までの銭一二種類を称する。

るようになると、その銭《ぜに》が売買に用いられるようになった。

当初、宋銭の流通が広がると、物価高騰などの影響を心配した朝廷《ちょうてい》はそれを偽貨幣として取り締まったが、銭貨の利便性から流通を黙認するようになった。しかし宋銭を黙認しただけで、朝廷も幕府も鋳造することはなかった。発行することは鎌倉の大仏《だいぶつ》の鋳造技術からみても可能なはずであるが、それを行うだけの財政思想やコスト計算がなかったためであろう。

承久《じょうきゅう》の乱《らん》後になると、大陸との貿易が進んで、銭貨の流入はやまず、簡単に入手できたことから、銭貨は流通に広く利用されるようになり、ついには年貢を銭でおさめる代銭納も行われるようになった。鎌倉後期に荘内の一井谷村が年貢の請負を行うようになった丹波国の大山荘では、もう一つの西田井《にしたい》村が代銭納の契約を結んで東寺に年貢をおさめている。

こうした銭貨の流通とともに列島の各地に湊《みなと》町や門前《もんぜん》町などの都市的な場が生まれるにいたり、また土倉・酒屋や問などの金融業者が誕生したのだが、さらには遠隔地取引を可能にした為替《かわせ》のような取引手段も広がって、商業活動は大きく広がっていった。

もちろん銭貨による流通が広がったといっても、すべてが銭貨で行われたわけではなく、年貢の請負も選択的に米で行うか、銭貨によるかがなされていた。しかしそれにしても大陸から渡来した銭貨、飢饉《ききん》による価格の変動が著しい米、一片の文書にすぎない為替などが、どうして安定して流通するようになったのであろうか。

それは銭・米・文書へのそれぞれの崇拝観念と結びついていたからであろう。このうちの銭貨が呪術《じゅじゅつ》の対象となっていたことは、各地の発掘によって廃棄された井戸の底からでてきたり、大量の銭貨が埋められていたことなどから知られる。米は古代国家の税の体系にすえられてから、米と銭とは米一石が銭一貫というレートが中世を通じて維持され、用いられてきた。

そして文書への信仰については、「文書フェチシズム」とも称されるような観念があったことが指摘されており、きわめて簡略な文書でも信用され、流通していたのである。なお為替一枚はほぼ銭一〇貫として流通していたことが知られている。

こうして三つの物神崇拝に基づく「資本主義」が、西欧型の資本主義とは違った形でここに芽生え始め、この基盤のうえに近世の経済的な発展があったばかりか、近代になって西欧型の資本主義に早い段階で切りかえることもできたのである。

描かれる民衆世界

中世の民衆世界は絵画史料によくうかがえる。たとえば『春日権現験記絵《かすがごんげんげんきえ》』の、庶民の粗末な板屋根・板壁の小屋のなかで男が嘔吐《おうと》をし、それを看病する女性や、病人が吐瀉《としゃ》したものを食べる犬、さらにこのようすを屋根のうえからみる赤鬼などを描いている図をみよう(次ページ参照)。

赤鬼は疫病を引き起こす「疫鬼《えっき》」で、腰に差した打出《うちで》の小槌《こづち》で病を流行させたものとみられていた。その家の戸口の串刺しにされている魚は疫病の侵入を防ぐ呪《まじな》いのヤイカガシである。また違う家の小門には疫病避《よ》けの呪いのススキの穂が差し込まれており、天下の疫病ともなると、家の入口にはこのような疫病の侵入避けの呪いがほどこされたのであろう。

小屋の前では煙が立ちのぼっており、その前に呪いの小道具がおかれている。

●——中世の民衆世界(『春日権現験記絵』)

石と、髪の毛が刺してある串、敷物の上の皿の類、縄などである。石は塞《さい》の神で、これに拝礼したものであろう。髪の毛が刺してある串は、京中で辻に幣帛《へいはく》を立てて人の髪を刺し病の平癒《へいゆ》を祈ったと記録にみえ、そこから立ち去ろうとしている赤鼻の僧は法師陰陽師《ほうしおんみょうじ》で、これが祈禱《きとう》を行ったのである。

法師陰陽師とは法師が紙冠《しかん》をして陰陽道《おんみょうどう》▲の祭りを行うもので、『今昔物語《こんじゃくものがたり》集《しゅう》』には、「川原に法師陰陽師のありて、紙冠をして祓をす」とみえる。絵巻《えまき》の法師陰陽師は童の肩に手をつかまりながら歩み去っていることからみて、その祭りの効力もなく、疲れて立ち去っていくのであろう。

家にそってつくられている粗末な小屋には筵《むしろ》が吊されており、女性が病み臥《ふ》せっているが、そこには看病の人がおらず、また頭を枕のうえに載せたままで身動きがとれない状態なので、これは死を待つだけの存在が暗示されているのであろう。死が間近なので、ここに移されたのかもしれない。死の穢《けがれ》を憚《はばか》って病人を家の裏の仮屋に移した話は記録にみえる。

このように絵巻からは、民衆世界の一端を覗きみることができる。なおそこにみえる法師陰陽師が文学的に造型されたのが、『義経記《ぎけいき》』にみえる源義経《みなもとのよしつね》に

▼**陰陽道**　大陸伝来の陰陽五行説に基づく呪術の体系。安倍《あべ》氏や賀茂《かも》氏によって体系化され、吉凶《きっきょう》を占い、邪気《じゃき》を祓い、また呪詛《じゅそ》を行うなど多方面に用いられた。

兵法《へいほう》の書を奪われた鬼《き》一法眼《いちほうがん》▲である。民衆世界のヒーローである義経の話に登場しているところが興味深い。

つぎに武士の館を描いた『一遍聖絵《いっぺんひじりえ》』の筑前《ちくぜん》の武士の館の図をみることにしよう（次ページ参照）。これは一遍が武士の館を訪れて念仏を勧めている風景を描いたもので、絵巻に特有な異時同図法により一遍が二カ所に描かれている。一つは警戒の厳しい門からはいろうとする一遍、もう一つは庭先で館の主人に念仏《ねんぶつ》を勧める一遍である。また建物が三つ、宴を開いている主屋《おもや》、観音《かんのん》開きの戸のある持仏堂《じぶつどう》、馬を飼っている厩《うまや》が描かれているが、それぞれに建物の近くには動物がいて、その建物の性格を暗示している。

主屋の近くにいる鷹は主人の狩猟の武芸を象徴しており、つぎの縁側に寝そべる犬はここが持仏堂であって、主人の信仰の場であることを物語っており、厩には猿がつながれているが、これは馬を守護するものとして飼われていた。この厩に猿を飼う習慣は、院政期になった『言談抄《げんだんしょう》』▲という説話集によれば、中国の『斉民要術《せいみんようじゅつ》』▲に記されている習慣であるという。このように民俗習慣には大陸の社会とのつながりがしばしばうかがえる。

▼**鬼一法眼**　『義経記』に登場する、一条堀河《いちじょうほりかわ》に住む法師陰陽師。秘伝の一六巻の兵法の書を所持し、源義経がこれを読むことに成功して英雄的活躍をなすところとなった。

▼**『言談抄』**　大江匡房《おおえのまさふさ》の言談を集めたとみられる院政期初期の説話集。岩瀬文庫所蔵。

▼**『斉民要術』**　現存最古の中国の農書。穀物類の栽培から家畜の飼育法にいたるまで体系的に叙述している。

●──『一遍聖絵』(詞書)

●──筑前の武士の館(『一遍聖絵』)

虹が立ったところに市《いち》を立てる習慣は貴族の日記にしばしばみえるが、さきの『言談抄』によれば、これも中国の『戦国策』に記されているとある。正月から十二月までの一年間の年中行事を記した『年中行事書』は中世に多くつくられているが、そこには大陸の書物からの引用が多くみられ、大陸の習慣が持ち込まれたものが多かったことをよく物語っている。

このように大陸での習慣が形を変えて列島の各地に伝わり、今に残されているものは多いのである。

▼『戦国策』　中国の戦国時代に諸国を遊説した縦横家《じゅうおうか》の建策を集成した書物。前漢《ぜんかん》の劉向《りゅうこう》の著。

⑤——列島の地域社会から

日本列島の各地に地域社会が形成され、それらが内的・外的交流をへて成長していったのが中世社会の大きな特色である。

北方の世界、平泉から

鎌倉幕府を生んだ東日本の社会、古代以来の文化的伝統を背負った西日本の社会、独自の交易世界を築いた北の社会、あらたに貿易国家を形成した琉球《りゅうきゅう》の社会、それらの相互の交易や交流のみならず、大陸との交流を通じても成長をとげていった。中世は意外なほどに国際化された社会であった。また現代にまで続く町や村の原型がつくられたのも中世である。そこで各地をたずねてその地の中世の風景から現代との関わりを探ってみよう。

十一世紀ころから東国《とうごく》の各地に館《たち》を築き、そこを根拠地として成長してきた武士たちの姿をよく伝えてくれるのが、中世初期に栄えた奥州藤原氏《おうしゅうふじわらし》の平泉《ひらいずみ》である。藤原氏三代はそれぞれ中尊寺《ちゅうそんじ》・毛越寺《もうつうじ》・無量光院《むりょうこういん》を建立したが、このうち中尊寺の金色堂《こんじきどう》は、藤原氏の居館であった平泉館と関係が深い。

●—中尊寺金色堂

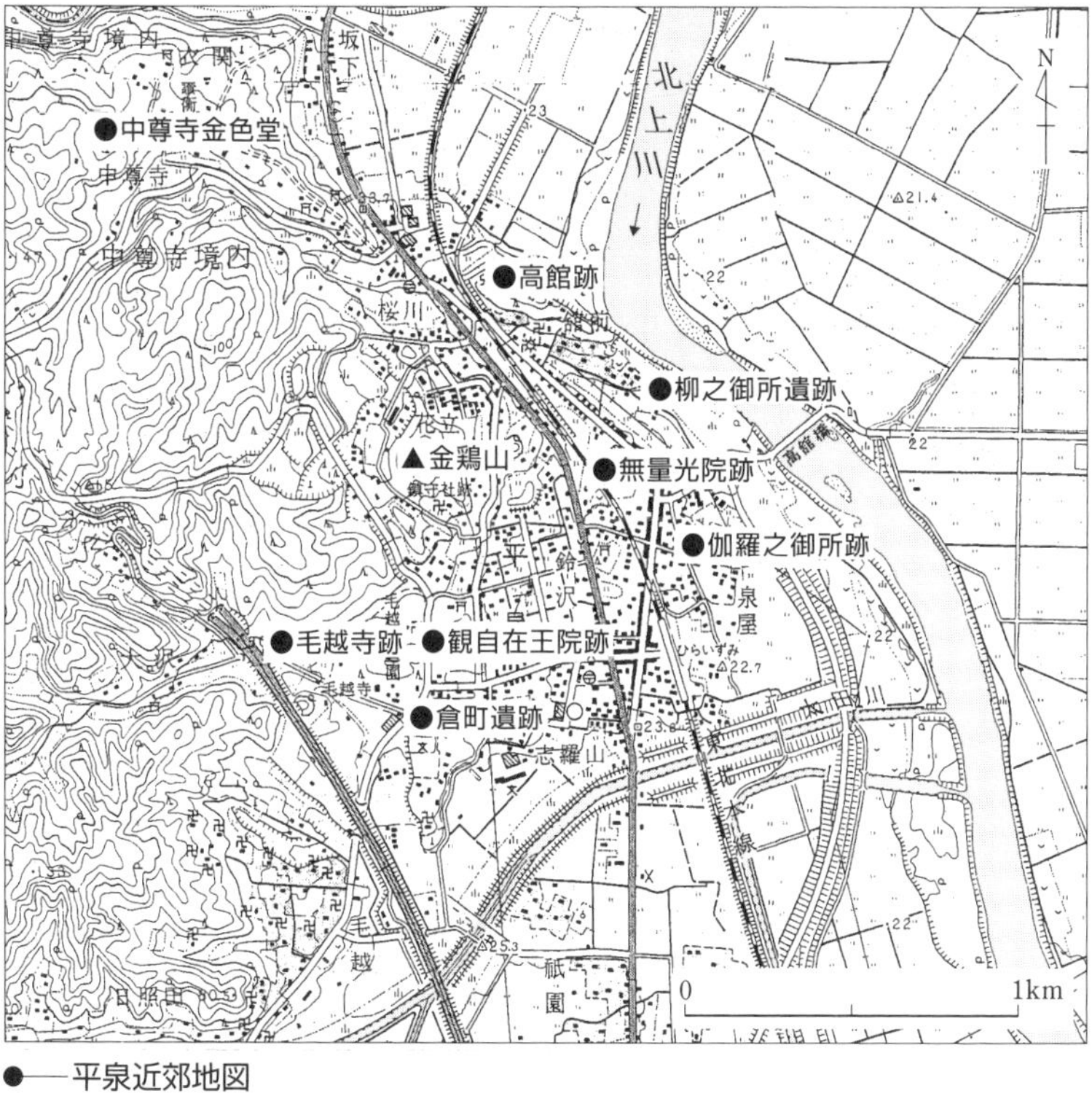

●—平泉近郊地図

藤原氏が滅びた際に平泉の堂舎を書きだした文書によれば、平泉の館は金色堂の正方に位置していたという。つまり中尊寺の金色堂を正面からおがむ方向に構えられたというのである。どうしてであろうか。

調べると、金色堂の正面方向は真東ではなく、やや東南にぶれており、その方向に伸ばしていくと柳之御所《やなぎのごしょ》跡の遺跡となるが、その発掘の結果、ここが清衡《きよひら》以来の平泉館であったことが知られるにいたった。源頼朝《みなもとのよりとも》がこの館を攻めた際に焼け落ちたそれを『吾妻鏡《あずまかがみ》』が「三代の旧跡」と表現していたのは事実だったのである。中尊寺の金色堂は西方浄土《さいほうじょうど》の主である阿弥陀仏《あみだぶつ》を本尊としているが、藤原氏三代の遺体が安置されている墓堂《ぼどう》でもあれば、平泉の館からその墓堂である金色堂を拝するように建てられたわけである。

同じように鎌倉幕府の場合にも、大倉《おおくら》の幕府御所の、西に鶴岡《つるがおか》八幡が勧請《かんじょう》され、南に頼朝の父義朝《よしとも》の霊をまつる勝長寿院《しょうちょうじゅいん》が建てられ、そして頼朝の死後には頼朝の墓堂として法華堂《ほっけどう》が真北に建てられている(七九ページ参照)。このように武士の館は信仰の場でもあった。藤原氏二代の基衡《もとひら》が建てた毛越寺にはみごとな浄土庭園がつくられて今に残されており、三代の秀衡《ひでひら》が建てた無量光院にも浄土庭園跡が残されている。秀衡の居所である小御所《こごしょ》から無量光院の彼方をみると、彼岸の時期に陽は信仰の山である金鶏山《きんけいざん》の頂上に没するという。

初代の清衡が建てた中尊寺は、奥州の白河関《しらかわのせき》から外《そと》が浜《はま》までの奥大道《おくだいどう》▲の中央の山上に建てられ、金色の仏像や建築とあいまってまさに奥州の支配の象徴、北方世界の王者としての存在がそこに示されている。その奥州を縦断する奥大道には、一町ごとに阿弥陀仏をきざんだ笠卒塔婆《かさそとば》がすえられたという。

しかし不思議なのは二代基衡の建てた毛越寺という命名である。毛越《けごし》という地があるのでそれからの命名と考えられてきたが、ほかには地名からとった寺院はなく、そこには秘められた意味があるのではないか。たとえば、毛は毛《け》の国、越は越《こし》の国を意味し、上野《こうずけ》・下野《しもつけ》と北陸道全体をさすもので、それへの支配が構想されていた寺とはいえないであろうか。

この時代には源義朝が東海《とうかい》・東山道《とうさんどう》に支配を伸ばしていたから、それと張りあうような形で毛・越の国々に支配を伸ばそうとしていた基衡の構想が、毛越寺の命名となってあらわれたものと考えられなくもない。

三代の秀衡は、鎮守府《ちんじゅふ》将軍▲となり、さらに陸奥守《むつのかみ》となって、王朝国家《おうちょうこっか》の体

▼**奥大道**　下野から白河関をへて津軽《つがる》の外が浜までの奥州を貫く幹線路。

▼**鎮守府将軍**　陸奥国におかれた軍政機関の長。陸奥守の兼任だったが、藤原秀衡が陸奥守とは別に任じられてから、必ずしも兼任ではなくなった。

●——奥州藤原氏三代画像　清衡(上)と基衡(下右)・秀衡。

制に組み込まれることになるが、それは列島全体が相互に強く影響しあう時代の到来を意味するものであった。その結果、奥州藤原氏は滅び、東北地方は鎌倉幕府の植民地《しょくみんち》のような支配を受けるところとなった。

院政と藤原氏三代

こうした奥州藤原氏三代の歴史を考えていくと、それがちょうどそれぞれ朝《ちょう》廷《てい》では、白河《しらかわ》・鳥羽《とば》・後白河院《ごしらかわいん》の三代の院政《いんせい》に対応していることがわかる。そこで対応させてみていこう。

すでに述べたように、院政期は分権化の深まりに対応して王権が強調された時代であった。歴史書の『今鏡《いまかがみ》』は、白河天皇は「ゆゆしく事々しきさまにぞ好ませ給ひける」王であって、京の東の白河に八面九層の塔の法勝寺《ほっしょうじ》を創建して「国王の氏寺《うじでら》」となし、京の南の鳥羽の広大な地を占定して離宮《りきゅう》・鳥羽殿を造営したことを特筆している。

清衡の中尊寺は、この白河上皇のモニュメントによる王権の表現に対応して建てられたモニュメントと考えられよう。中尊寺は奥州の中央の山上に建てられ、その釈迦堂《しゃかどう》には一〇〇余体の金容の釈迦像など金色の木像が安置され、大《だい》長寿院《ちょうじゅいん》は二階建ての大堂であり、さらに皆金色の金色堂など、王権を象徴するモニュメントとしてまことにふさわしい。この時期には奥州に荘園《しょうえん》がつぎつぎに立てられるなど、京の王権が奥州に浸透していった時代でもあり、それに対応して奥州の王権がそこに表現されているとみるべきである。

白河院の跡を継承した鳥羽院はコレクションで王権をかざっていた。鳥羽の離宮を整備して建立した勝光明院《しょうこうみょういん》に付属して宝蔵《ほうぞう》を設け、そこに列島内外から宝物を集めたばかりでなく、延暦寺《えんりゃくじ》の前唐院《ぜんとういん》や平等院《びょうどういん》の経蔵《きょうぞう》などの宝物をみるなど、コレクションに意をそそいだ(『古事談《こじだん》』)。廷臣《ていしん》もその上皇の意に応じて宝物を献上しており、鎮西《ちんぜい》に渡来した奇獣や珍鳥が京にもたらされたり、信西《しんぜい》(藤原通憲《みちのり》)は遣唐使《けんとうし》になることを夢みて中国語を学んでいたという。日宋《にっそう》間の交易が急速に拡大したのはこの時期からである。

またこの時期には、諸国の荘園が院の周辺に集中的に寄進され、院領荘園がふくれあがっており、諸国の武士が源平《げんぺい》の両氏を通じて、院に仕えるようになったことなども、コレクションとは無関係でなかろう。

こうしたコレクションで王権をかざろうとする性格は、藤原氏二代基衡の毛越寺にうかがえる。寺の額は九条関白忠通《くじょうかんぱくただみち》自筆のものを京から取りよせ、堂中の色紙形も参議《さんぎ》藤原教長《のりなが》の書いたものを取りよせている。本尊は仏師雲慶《ぶっしうんけい》に依頼したが、そのために金一〇〇両・鷲羽《わしのはね》一〇〇尻・水豹皮《あざらしのかわ》六〇余枚・安達絹《あだちぎぬ》一〇〇〇疋・希婦《きふ》の細布二〇〇〇端・糠部駿馬《ぬかのぶのしゅんめ》五〇疋・白布三〇〇〇端・信夫毛地摺《しのぶのもじずり》一〇〇〇端などや「山海珍物」を礼物として送ったという。これは藤原氏が北方との交易などを通じて多くの宝物を集めていたことを意味している。

頼朝が一一八九(文治《ぶんじ》五)年に奥州を攻めたとき、泰衡が平泉館を逃亡する際に火を放ったために「高屋・宝蔵等」が失われ、三代にわたる「麗金昆玉の貯《れいきんこんぎょくたくわえ》」は灰となってしまったという。ここの宝蔵に宝物がおさめられていたのであろう。しかし頼朝軍が到達したとき、宝蔵以外にも平泉館の一角に「一宇《いちう》の倉廩《そうりん》」が余炎の難を逃れて残っていて、それを開くと、「沈紫檀《ちんしだん》以下の唐木厨子《からきのずし》」があって、そこには牛玉《ごおう》・犀角《さいかく》・象牙《ぞうげ》笛・水牛《すいぎゅう》角・紺瑠璃《こんるり》等笏《しゃく》・金沓《きんくつ》・玉幡《ぎょくばん》・金花鬘《きんけまん》・蜀江錦直垂《しょくこうきんひたたれ》・金造鶴《きんぞうつる》・銀造猫・瑠璃灯炉《とうろ》などがおさめられていたという(『吾妻鏡』)。奥州藤原氏もコレクションでその王権をかざろうとしていたのである。

毛越寺が毛の国と越の国とから命名されたのも、このコレクションとの関わりから考えると興味深い。

後白河院は、大内《おおうち》（宮城《きゅうじょう》）の再建を果たしてモニュメントの構築にかかわるとともに、法住寺《ほうじゅうじ》殿に付属して蓮華王院《れんげおういん》を建ててその付属の宝蔵には内外のコレクションをおさめ、王権をコレクションでかざった。しかし独自に行ったのはみずからが今様《いまよう》をうたって神仏に祈願し、またみずからが今様集『梁塵秘抄《りょうじんひしょう》』を編集したような、みずからの手で王権を護持し演出する点である。いわば、パフォーマンスによる王権の装飾という性格が認められるが、これは孫の後鳥《ごと》羽《ば》天皇に継承され、天皇は和歌を学んで『新古今和歌集《しんこきんわかしゅう》』の実質的な撰者となったほか、蹴鞠《けまり》や狩猟《しゅりょう》などの武芸にも才能を発揮したのであった。

では三代の秀衡はどうか。モニュメントの面では基衡が亡くなったあとを引き継いで嘉勝寺《かしょうじ》▲を造営し、宇治《うじ》の平等院に模した無量光院を造営している。後者の規模は小さいが、「堂内四壁の扉」に観経《かんぎょう》の大意を図絵したのち、秀衡みずからが「狩猟之体」を図絵しているところに、パフォーマンスの王権の片鱗《へんりん》が認められよう。また否応なく京の動きに直接の対応を迫られ、鎮守府将軍や陸

▼**嘉勝寺**　藤原基衡が毛越寺の境内に金堂《こんどう》の円隆寺《えんりゅうじ》などに続いて造営を始めた寺院。四壁や三面の扉には法華経《ほけきょう》の大意が描かれ、本尊は円隆寺と同じく薬師如来《やくしにょらい》であったという。

奥守に任じられているのも二代までの動きとは違うところである。
こうして平泉の世界からも列島に誕生した王権の姿をみることができた。

鎌倉の景観と文化

平泉の王権を滅ぼし、東国を支配した鎌倉幕府の政権がおかれた鎌倉をつぎにたずねてみよう。そこには中世の鎌倉の景観が今に色濃く残されている。

多くの人は正月になると神社に初詣をするが、実はその初詣でにぎわう鎌倉の鶴岡八幡宮に元旦に詣でることを始めたのが源頼朝である。初詣の起源もあるいはこの頼朝にあるのかもしれない。

十二世紀の末になると、京都からくだってきた軍事貴族である頼朝を主人にあおいで、東国武士は政権の樹立に向かったが、鎌倉はその政権の本拠に選ばれた。『吾妻鏡』は頼朝の曾祖父頼義《よりよし》が鎌倉の由比ヶ浜《ゆいがはま》に若宮神《わかみやしん》を勧請し、また父義朝が亀谷《かめがやつ》に館を構えていたという由緒を選ばれた理由としてあげるとともに、ここが要害の地であったとしている。しかし『梅松論《ばいしょうろん》』▲は、「鎌倉は南の方は海にて三方は山なり、嶺つづきに寄手《よせて》の大勢陣を取て麓《ふもと》におり下り」と、三

▼『梅松論』　足利氏《あしかが》を中心にして承久の乱から新田義貞《にったよしさだ》の滅亡までを記した歴史物語。武家側の立場で書かれており、『太平記《たいへいき》』とは対照的である。

方が山の鎌倉もひとたび突破されると「残所なくこそ焼はらはれける」と記しているように、ひとたび攻め入れられると弱かった。

そうした鎌倉も、当初から武士の都《みやこ》として考えられていたわけではない。京都にあった朝廷に対抗するうちに、自前の都を建設する方向へと進むなかで、武士の都としてしだいに成長していった。このことは鎌倉に頼朝が勧請した鶴岡八幡宮の変遷をみればよくわかる。当初は源氏の氏神《うじがみ》にすぎなかったものが、武家政権の成長とともに、武士の都である鎌倉の鎮守として機能するように変化していったのである。

こうして鎌倉にはその風土に根ざした独自の文化が育まれた。古代の都がいずれも大陸の都城《とじょう》にならって内陸の平野部につくられたのに対し、鎌倉は山々に囲まれ、海に面した谷部につくられており、規模こそ小さいものの、それだけに全体がコンパクトで有機的な関係性をもった都となった。

その鎌倉には、大仏を始めとする谷々の寺院や周辺の切通《きりどおし》、和賀江《わがえ》の港湾施設など往時の面影を残しているが、それだけでなく地下には中世の遺跡があり、その発掘の成果は中世の鎌倉を知るうえで欠かせない。まさに鎌倉の下には中世社会が眠っているのである。鎌倉の各地からは半地下式の建物が多く発掘されており、山間の平場を掘れば寺院の跡がでてきている。鎌倉は中世の地下博物館である。

そうした鎌倉の文化の特質を自然環境や風土の観点からながめるならば、まず見落とせないのが、三方が山に囲まれていることに基づく、山の文化を背景とした坂の文化の存在である。

周辺から鎌倉にはいるには山を掘って道をつくる必要があり、これは切通と称されたが、その周辺に独特の文化が育まれた。防御性を高めるために道幅を狭めたり、クランクやS字状につくられ、周辺に小規模な平場が配された切通は、軍事・交通上の機能を果たし、また鎌倉の境界をなしていたことから、葬送の場とされ、近くに宗教施設が設けられて宗教文化が育ったのである。

第二に谷の文化がある。山に食い込む谷にも宗教文化が成長している。源頼朝は御所を大倉に建てると、その南の谷に勝長寿院を建てて源氏の先祖の供養《くよう》をし、奥州合戦が終ると、御所の北東に合戦の戦没者を慰霊する永福寺《ようふくじ》を建立したが、鎌倉武士の信仰にそって亀谷に寿福寺《じゅふくじ》、御所ヶ谷《ごしょがやつ》に大慈寺《だいじじ》などが建て

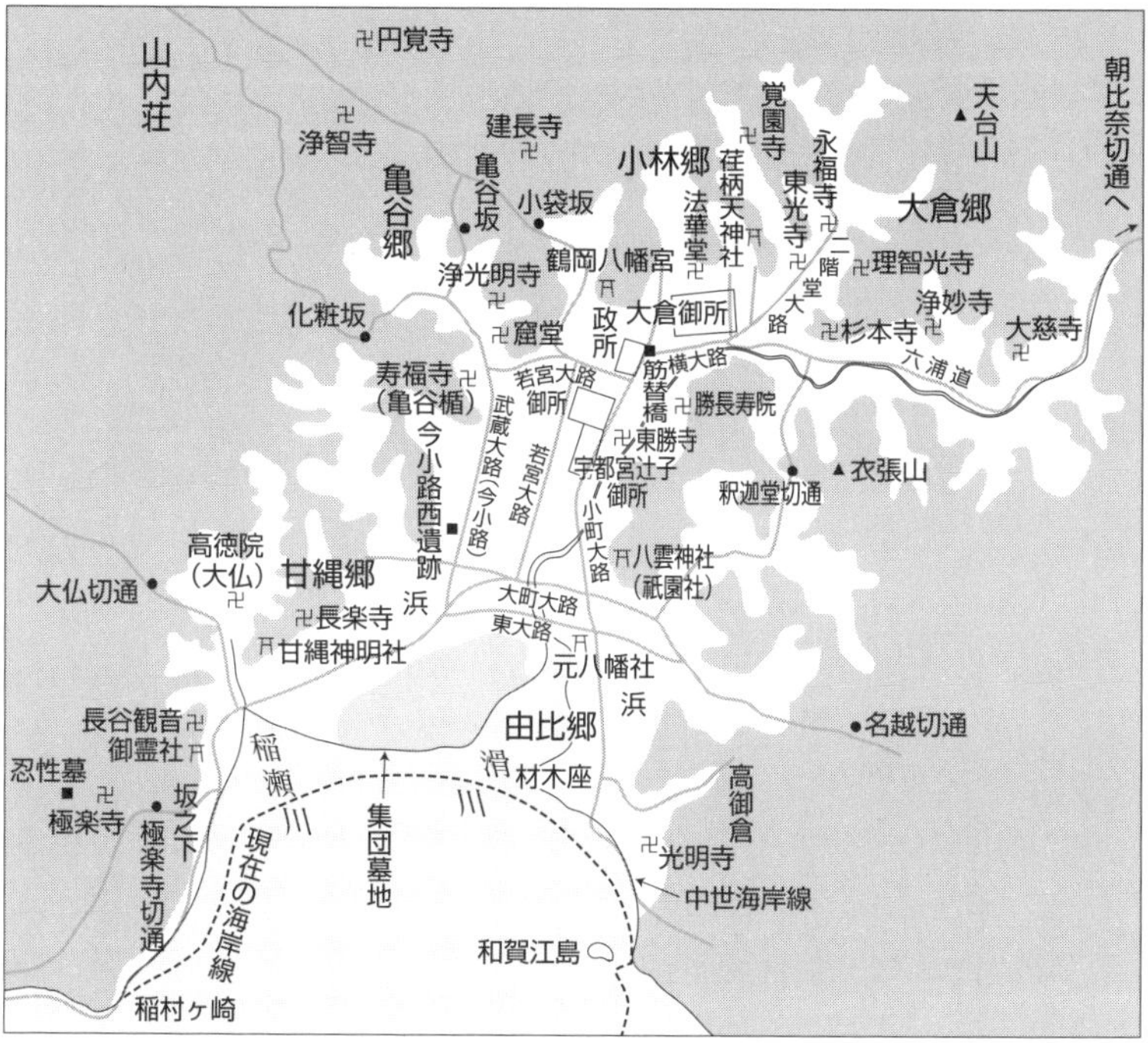

●—鎌倉時代の鎌倉　永原慶二監修『岩波　日本史辞典』より一部改変。

●—名越《なごえ》の切通

●——朱垂木やぐら（鎌倉市）　天井部分に朱で垂木が描かれている。

られた。さらに鎌倉が発展すると、その住民を対象に浄土《じょうど》宗、日蓮《にちれん》宗が盛んな布教を行った結果、谷々には浄土宗や日蓮宗の寺院が建てられたが、なかでも鎌倉の西には阿弥陀の大仏が勧進《かんじん》によってつくられ、多くの信仰を集めた。

谷の大規模な開発は十三世紀後半から始まる。大陸から石を切る新技術が導入され、大陸文化の合理的な思考のもとに、大規模な自然への関与がなされ、山を切り開き、平地を造成することが促進された。その代表が北条《ほうじょう》氏の創建になる建長寺《けんちょうじ》や円覚寺《えんがくじ》などの禅宗《ぜんしゅう》寺院、浄光明寺《じょうこうみょうじ》・覚園寺《かくおんじ》などの寺院であり、狭い谷を掘り、山を切って伽藍《がらん》がつくられたが、その境内《けいだい》のあり方は当時の絵図などからよく知られる。

こうして山を切り掘ってつくられた人工的地形のなかに、「やぐら」と呼ばれる横穴式の墳墓堂《ふんぼどう》がつくられた。これは中国から伝わった岩窟寺院が鎌倉で独自の発展をとげたものと考えられており、鎌倉を中心に数千基も存在するとされ、なかでも建長寺境内にある彩色がほどこされた朱垂木《しゅだるき》やぐら群や同じく彩色をほどこした彫像を安置する山ノ内の瓜ヶ谷《うりがやつ》やぐら群などは規模も大きい。

六つの文化

この第一の坂の文化や第二の谷の文化を含めて、鎌倉の文化は六つの文化としてとらえられることから、それらを順次みていこう。

第三には丘の文化がある。鎌倉の中央の台地上の鶴岡八幡宮は、武家政権の成長とともに武士の都・鎌倉の中心に位置するようになったが、御所の東の丘には北野《きたの》の天神《てんじん》を勧請した荏柄天神社《えがらてんじんしゃ》があり、北の丘には頼朝や北条義時《よしとき》の法華堂《ほっけどう》が建てられ、鎌倉の西の丘には甘縄社《あまなわしゃ》や長谷寺《はせでら》、さらに南の丘に祇園社《ぎおんしゃ》が建てられて、御家人《ごけにん》や周辺住民の信仰を集めた。この丘の文化は中世人が神の存在をどうとらえていたかをよく伝えている。

第四が平地の文化である。鎌倉には古代の大道である東海道がとおっていた。その大道を進軍して鎌倉にはいってきた頼朝は、御所周辺の道を整備したが、これらの道にそって武士や僧の屋敷、住民の家が建てられ、都市としての発展をみた。鎌倉は近世になって城下町《じょうかまち》として改造されておらず、中世の遺構はそのまま長く地下に埋もれていたことから、近年の発掘によって掘り起こされ、鎌倉の人びとの生活が明らかになりつつある。

第五には浜の文化があげられる。鎌倉の南は海で、その海辺には浜が存在するが、ここではさまざまな遊興が行われるかたわら、処刑や葬送の場となり、さらに合戦場ともなった、いわば公共の広場であった。ここから発掘された集団墓地は、都市の住民と墓との関係を知るうえで、また中世の人びとの他界観を知るうえでの多くの情報を伝えている。

京都では同様な場として機能したのは賀茂《かも》川の河原であるが、鎌倉を流れる滑《なめり》川はその地形的条件から河原が生まれず、かわりに海に面した浜がその機能を担って、穢《けが》れを清める場ともなった。しかし浜は海の文化を背景にしており、河原とは違った信仰も認められる。

第六は海の文化である。海からは多様な文物・物資がはいってきた。東国の年貢《ねんぐ》物資を始めとして、京都からの文物や、大陸からも唐物《からもの》と称される異国文化をおびた物資や書籍がはいってきたが、そうした物資・文物を受け入れるための施設が整備された。今も石積みの跡が残る和賀江島は港湾施設の一部で、勧進上人《しょうにん》の往阿弥陀仏《おうあみだぶつ》が東国に勧進して築かれたものである。近くの浜辺からは今も唐物の陶磁器《とうじき》の破片をみつけることができるように、そこは大陸貿易の拠点にもなっていた。

海からは、物資のみならず、異なる情報や観念がはいってくる。大陸から情報や人がつぎつぎにきて、鎌倉の文化は著しく国際性をおび、国際都市化したが、同時に大陸への渡航に憧れる人びともふえ、早くには源実朝《さねとも》が大陸に渡ることを計画して由比ヶ浜に唐船《とうせん》を建造しており、鎌倉後期になると禅宗を学ぶためにここから大陸に多くの僧たちが渡った。

なおこのほかに鎌倉の影響が濃い、周辺の地の文化がある。鎌倉の東は鎌倉のもう一つの港湾ともいうべき六浦津《むつらのつ》が発展しており、その近くの金沢《かねざわ》には北条氏の一門の別荘が設けられ、菩提寺《ぼだいじ》として称名寺《しょうみょうじ》が建てられたが、そこには金沢文庫と称される中世の図書館が設けられ、鎌倉の盛んな文化活動を物語っている。

鎌倉の西には、風光明媚な聖地としての江ノ島があり、その近くの片瀬浜《かたせはま》では時宗《じしゅう》の一遍《いっぺん》が布教活動を展開していった結果、やがて近くに遊行寺《ゆぎょうじ》が建てられるなど、鎌倉の宗教文化の一端もよくうかがえる。また鎌倉の北には鎌倉と各地の都市や館を結ぶ鎌倉道の遺構が残っており、鎌倉と各地とのあいだの交通網のあり方を伝えてくれる。

こうして鎌倉の景観からは中世人の精神文化や物質文化のあり方がよくうかがえるが、さらにこのような中世都市・鎌倉をみる目で、他の中世都市の文化を探ってみるならば、多くの興味深いものがみえてくるであろう。

荘園の跡をたずねて

中世社会の経済的な基盤をなしたのは荘園と公領であるが、今やその姿は急速に消えつつある。その原因の第一は住宅などの開発であり、第二は圃場《ほじょう》整備事業であり、第三は過疎化である。

中世の住宅地は現代においても良好な住宅地であるから、早くに失われてしまったばかりでなく、山野も開発され、周囲の景観が失われつつある。圃場整備事業は古代の条里制《じょうりせい》とまちがえるような整然とした田の風景をつくり、あらたな用水施設を設けたことで、中世とはまったく違う姿を呈しつつある。また過疎化は谷の奥まで続いていた耕地を荒廃させてしまった。近世から近代にかけて小河川の谷あいにそって開かれた耕作地は、過疎化によって放置され、さらにそこに廃棄物などがすてられる事態が進行している。

しかしそれでも、かつての荘園の面影を残している土地はいくつかある。その一つの和泉国《いずみのくに》の日根野荘《ひねののしょう》(大阪府泉佐野《いずみさの》市)は、鎌倉時代に摂関家《せっかんけ》の一つである九条家の荘園として成立したもので、多くの文書が「九条家文書」として残されており、荘園の絵図もつくられている。また戦国時代の初期には荘園領主の九条政基《まさもと》がここに滞在して、村の動きや周辺の守護所《しゅごしょ》・武士の動きなどに関して詳細な日記をつけており、それが『政基公旅引付《まさもとこうたびひきつけ》』という形で残されているので、研究の条件は整っている。

九条政基は現地支配のために日根野村の無辺光院《むへんこういん》に拠点をすえ、ついで奥まった入山田《いりやまだ》村に移るが、そこには中世の面影が濃厚にただよっている。惣《そう》の祭りが行われて、「都の能者《のうしゃ》に恥じぬ」と称されたような能の演じられた滝宮《たきのみや》があり、村の古老が集会した寺跡なども残っている。さらに奥の犬鳴《いぬなき》川の上流に犬鳴滝があるが、中世にはここに不浄の物を投げいれて雨乞いをしていた。

広島県の尾道《おのみち》といえば多くの寺社があり、風情のある港町としてよく知られているが、ここは中世には備後《びんご》国の太田《おおた》荘の年貢の積出港として発展した地で

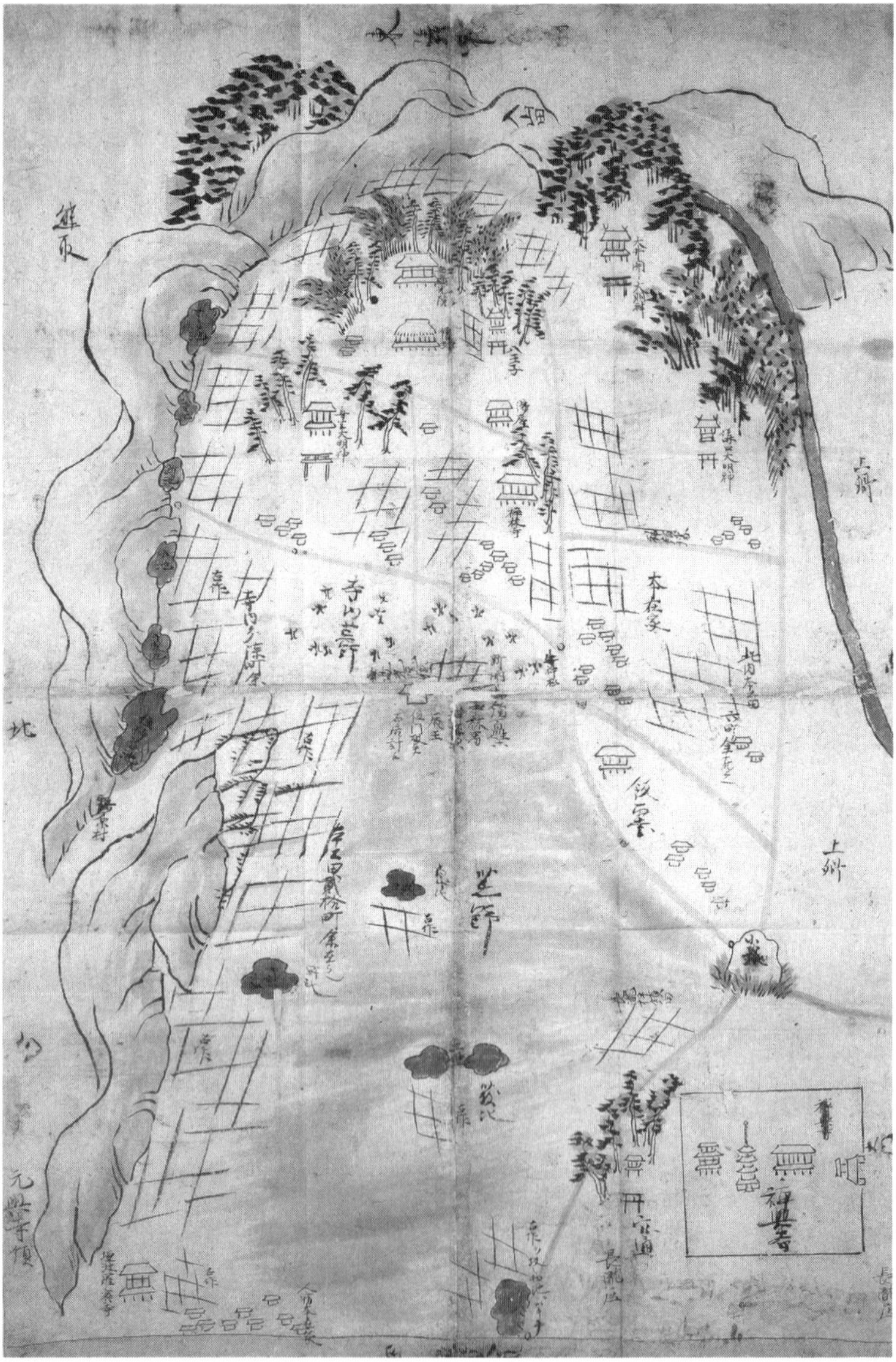

●──和泉国日根野村絵図(「九条家文書」)

●―中世の風景を今に伝える田染荘小崎地区(大分県豊後高田市)

●―太郎天・二童子像(長安寺)

ある。平清盛《たいらのきよもり》が後白河上皇に寄進《きしん》してなった荘園が年貢積み出しの倉敷《くらしき》とされて以来、発展をみたものである。平氏の滅亡後は、上皇が荘園を高野山《こうやさん》に寄進すると、争乱で荒廃した田地の再興に活躍したのは盲目の勧進上人鑁阿《ばんな》であって、武士や百姓の協力を取りつけ、荘園の再建を果たした。

太田荘のある世羅《せら》町にいくと、谷の奥に向かって耕地が開かれているが、それが中世以来の耕地であり、諸所に点在する八幡社《はちまんしゃ》や石塔《せきとう》も中世からのものである。また「今高野《いまこうや》」と称される霊地《れいち》には、高野山から高野・丹生《にう》明神が勧請されており、その参道の左右にはかつての坊《ぼう》の跡が広がっている。荘園を経営するために高野山が設けた基地だったのであろう。

さらに九州の大分の国東《くにさき》半島には、田染《たしぶ》荘（大分県豊後《ぶんご》高田《たかだ》市）が荘園遺跡として保存されている。ここでも小河川にそった谷地《やち》に中世の耕地跡が残されており、近くには院政期の浄土堂《じょうどどう》として知られる富貴寺《ふきじ》があり、また巨大な熊野《くまの》の磨崖仏《まがいぶつ》や修験《しゅげん》の場などもあって、中世の人びとの信仰の姿がみいだせる点も貴重である。国東塔《くにさきとう》と称される独特の石塔は中世文化の多様性を物語るものである。

●岩戸寺《いわとじ》国東塔（大分県国東市）　大分県内最古銘の国東塔。

中世からの寺院の一つである屋山《ややま》の長安寺《ちょうあんじ》に赴くと、その参道は太田荘の今高野と同様に左右に坊の跡があり、奥には鎮守の神がまつられているなど、広くみられる中世の景観が展開している。ここには太郎天《たろうてん》と称される童《わらわ》の仏がまつられているが、こうした童子《どうじ》は広く山岳信仰の寺にみられるものであり、たとえば『信貴山縁起《しぎさんえんぎ》』に描かれている、命蓮《みょうれん》という行者《ぎょうじゃ》の使者となって天皇を助けるために派遣された護法の童子などはその典型である。

こうして目をこらして探っていけば、中世の姿はいたるところに確認できる。文書や文化財が残されていないところにも、地形や地名、さらに発掘を通じて中世の姿は浮かび上がってくる。

列島の北と南を旅する

列島の各地を旅すると、北は北海道から南は沖縄まで、中世の遺跡は広く残されており、それらがある種の関連を有していたことがわかる。

現在の北海道や沖縄は、中世にはまだ京や鎌倉の政権下にあったわけではないが、それでも中世後期になると、北海道の渡島《おしま》半島の南側には本州から和人《わじん》が進出し、道南十二館《どうなんじゅうにだて》と称されるような拠点がつくられるようになった。その一つが大量の銭《ぜに》が発掘されたことで著名な函館空港のすぐ近くに立地する志《し》苔館《のりだて》である。

海に面した高台に設けられた館の跡に立つと、南の彼方には下北《しもきた》半島がうっすらみえて、大量の銭がアイヌの人びととの交易を通じて蓄積されたことは疑いない。しかしどうしてこのような形で蓄積されたのかは不思議の一つである。列島の各地に残る長者《ちょうじゃ》伝説▲が思い起こされよう。今に知られていない豊かな世界があったことは確かである。

そこでさらに和人とアイヌの人びととの交易の場を求めて、日本海に面した上ノ国《かみのくに》町の勝山《かつやま》館をたずねてみると、ここは大澗湾《おおまわん》と天ノ川《あまのがわ》を眼下にする山城《やまじろ》である。多くの屋敷群を擁し、背後には夷王山墳墓《いおうざんふんぼ》群があるという景観は、そこに立ってみる人を圧倒する。

一四五七（長禄《ちょうろく》元）年のアイヌのコシャマインの戦い▲のころをへて館が築かれたといわれ、戦国時代を通じて、経営されていたことが知られている。この地はアイヌの人びとと和人との境界をなしており、その交易の場として栄えてい

▼**長者伝説**　金持ちの長者が住んでいたとする伝説。全国に広く分布し、長者となった話、没落した長者、長者の子に関する話などに分類される。

▼**コシャマインの戦い**　一四五七（長禄元）年にコシャマインに率いられたアイヌが、和人の進出に対して起こした戦い。志苔館などの道南《どうなん》の館が陥落したが、武田信《たけだのぶ》広《ひろ》がこれを討ち勢力を広げた。

●—志苔館跡(函館市)

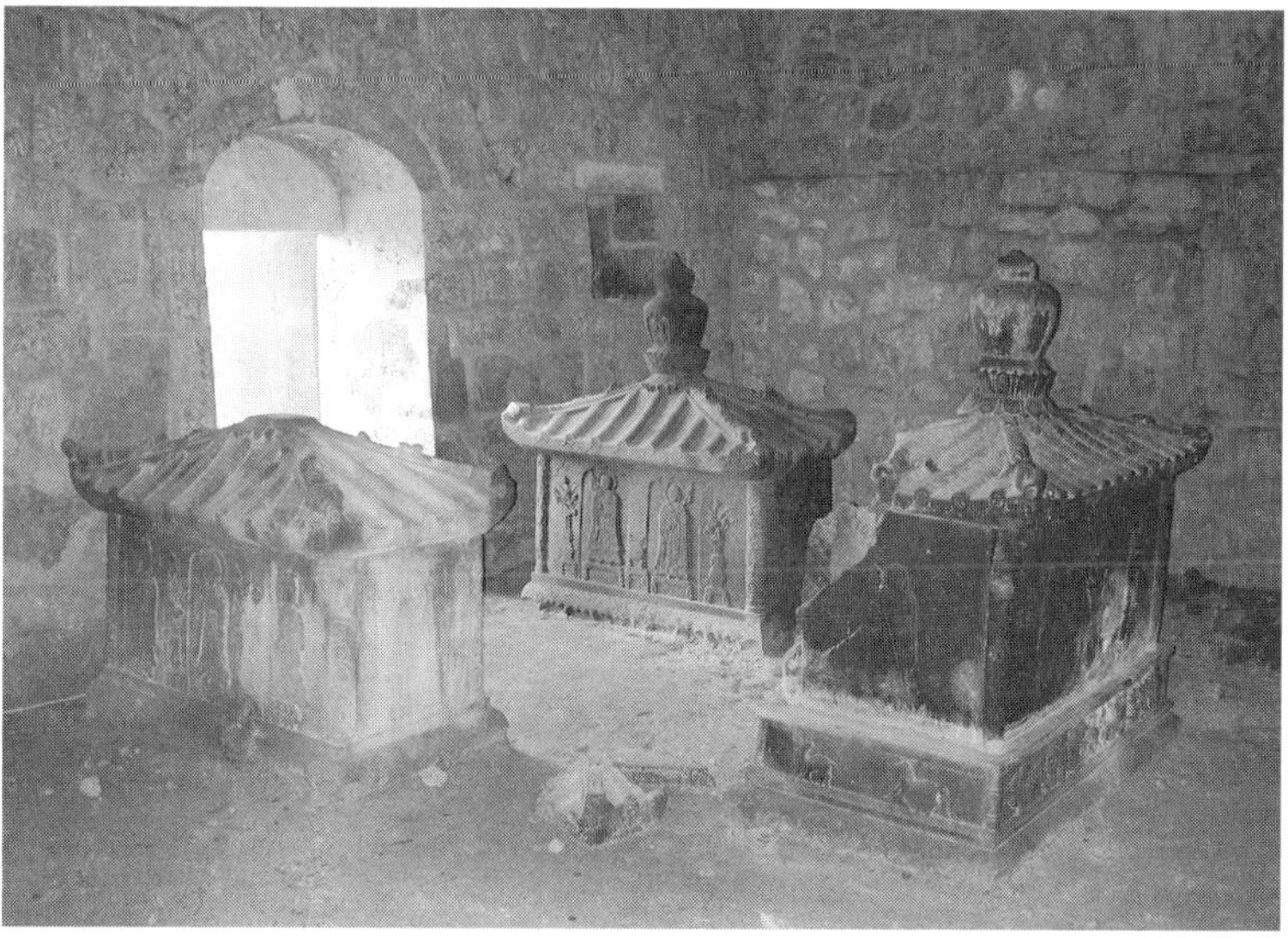

●—浦添ようどれ(浦添市)

たことがうかがえる。

発掘された遺物には陶磁器や生活の日用品が多いが、なかには煙草の喫煙具のキセルもあって、新大陸から持ち込まれた喫煙の習慣がいち早くここでみられることは興味深い。アイヌの人びとの遺骸も和人の遺骸とまじってあることは、二つの世界を対立的にのみとらえる見方に修正を迫るものである。

こうして北の地から海をながめていると、思い起こすのは南の沖縄のグスクであり、これもまた海に面した山城であった。

沖縄のグスクの多くは海の近くに立地しているが、とくに海から一直線にのぼっていったところにある今帰仁《なきじん》のグスクは、グスクと海の関係をよく物語っている。沖縄のグスクは周囲を石積みにしており、大陸からの影響が強かったものと考えられるが、本州では本格的に石積みの城が登場するのは戦国時代も末まで待たねばならない。

琉球の中世史はグスクの展開とともにあって、十二世紀から十五世紀初めまでを考古学ではグスク時代と表現している。そのグスクが宗教施設から政治・軍事施設へと展開していくなかで、中山《ちゅうざん》・北山《ほくざん》・南山《なんざん》の三つの政治勢力が成立する三山《さんざん》時代を迎え、そのうちの中山王が統一して一四二九年に琉球王国は誕生したのであった。

そうした中山王の王都として十三世紀につくられたのが浦添《うらそえ》グスクであり、その王の霊廟《れいびょう》が浦添ようどれである(九一ページ参照)。

今、本格的に始まったこの霊廟の調査によって、琉球の王統の流れもしだいに明らかになろうとしてきている。十三世紀後半に造営され始め、当初は、崖面を掘った洞窟《どうくつ》のなかに礎石《そせき》の建物を建て、朱漆《しゅうるし》塗りの木棺《もっかん》を安置したものであったが、十四世紀後半に大改修がなされて、石積みとなり、大石棺《せきかん》が設置されたことが明らかとなっている。今後の調査の成果を楽しみに待ちたい。

⑥—歴史のサイクルをとおして

一〇〇年ごとの大変化

中世と現代との関係を探る試みの最後として、時代のサイクルという問題を考えてみよう。五、六百年にもわたる中世の社会の変遷を探っていくと、年表1に示したような一〇〇年ごとに大きな変わり目がやってきているのが目につく。

年表1　中世社会の一〇〇年ごとの変化

	〔西暦〕	〔年号〕	〔事項〕	〔政治の動向〕
(0)	九六七	康保《こうほう》四	関白藤原実頼《かんぱくふじわらのさねより》	摂関《せっかん》の常置による後期摂関政治の開始
(1)	一〇六八	治暦《じりゃく》四	後三条《ごさんじょう》天皇即位	延久《えんきゅう》の国政改革に続く院政《いんせい》時代
(2)	一一六七	仁安《にんあん》二	平清盛太政大臣《たいらのきよもりだいじょうだいじん》	平氏《へいし》・鎌倉の武家《ぶけ》政権
(3)	一二六八	文永《ぶんえい》五	蒙古《もうこ》の国書到来	東アジア世界の流動
(4)	一三六八	応安《おうあん》元	応安の半済令《はんぜいれい》	足利義満《あしかがよしみつ》による公武《こうぶ》統一政

権の成立

(5)　一四六七　応仁元《おうにん》　応仁の乱《らん》の開始　戦国時代の到来

西暦でいえば六七年・六八年辺りが境目になる区切りである。たとえば(0)の後期摂関政治が始まるころをみると、中国では宋王朝《そうおうちょう》が、朝鮮半島では高麗《こうらい》王朝が生まれ、中国北部では契丹《きったん》族が建国した遼《りょう》、それを滅ぼした女真人《じょしんじん》の金《きん》、タングート族の西夏《せいか》など、この時期につぎつぎに国家が形成されている。

それぞれに自己の民族と中国文明の融合による独自の文化を育み、そこでは契丹文字、女真文字、西夏文字などの独自の民俗文字がつくられているが、日本では、『源氏物語《げんじものがたり》』に代表される国風《こくふう》文化が形成されており、独自の文字として仮名文字がつくられたのであった。

それから一〇〇年して、日本では(1)の後三条天皇による延久の国政改革とともに中世社会へと明確に転換していった。この国政改革は、荘園公領制《しょうえんこうりょうせい》の経済制度を定着させ、それまでの摂関政治を院政へと転換させたのだが、同じ年に中国の宋でも王安石《おうあんせき》の改革が行われ、社会の転換が始まっているのが興味深い。

さらにそれから約一〇〇年後の(2)において、平氏による武家政権が成立するが、朝鮮半島では高麗で武人《ぶじん》が政治に大きくかかわるようになり、さらに大陸のモンゴル高原ではモンゴル（蒙古）族の統一運動が始まっている。

平氏政権はやがて東国《とうごく》に生まれた幕府政権にとってかわられ、力をつけていった鎌倉幕府は承久《じょうきゅう》の乱《らん》により後鳥羽《ごとば》上皇《じょうこう》の京方《きょうかた》勢力を退け、朝廷《ちょうてい》を凌駕して、全国的政権へと成長していった。そうしたころにモンゴル族の統一がチンギス＝ハーンにより達成され、それがユーラシア大陸を席巻してついに日本にやってきたのが、(3)の一二六八年のことで、蒙古のフビライ＝ハーンから通交を求める国書《こくしょ》が到来したのである。幕府はその二年前に将軍宗尊《むねたか》親王を京に追放して政治のあらたな転換を果たしていた。

このように一〇〇年ごとに区切ってみると、中世史の流れがとらえやすいうえに、中世の社会の転換がしばしば大陸との関係に連動していることが知られよう。また社会には独自な周期があって、変化しつつもふたたび同様な動きを示すことをこのサイクルはよく物語っている。

いったん消え去った民俗習慣がふたたび復活したり、似たような行動パターンが危機のときにあらわれる経験はよくあることだが、社会の深部に潜む記憶のような問題を考えていく必要があろう。

東アジア世界との連動

さらにサイクルをみてみよう。モンゴルの襲来を退けたものの、それは日本が世界から孤立して動くことを意味するものではなかった。この時期から日本列島では商業・金融活動が盛んとなり、大陸との交易も頻繁になされ、列島の各地には都市的な場が広く生まれた。

大陸の寧波《ニンポー》には日本からの留学僧《りゅうがくそう》があふれ、鎌倉には大陸からの渡来僧《とらいそう》が満ちていた。鎌倉大仏《だいぶつ》や建長寺《けんちょうじ》・東福寺《とうふくじ》などの禅宗《ぜんしゅう》寺院の修築・造営のための唐船《とうせん》が大陸と列島を往来した。

そうしたなかで御家人《ごけにん》を結集して強力な政権を樹立したはずの鎌倉幕府であったが、西国《さいごく》の悪党《あくとう》の蜂起、蝦夷地《えぞち》での紛争に悩まされた末、後醍醐《ごだいご》天皇の倒幕運動によってあっけなく滅亡し、建武《けんむ》政権が公武統一政権として生まれた。

この政権は天皇に権力を集中し、紙幣の発行を企画し、官僚制による支配をはかろうというものであったが、すぐに足利尊氏《たかうじ》らの武家政権の樹立によって崩壊し、南北朝《なんぼくちょう》の動乱が始まる。

その動乱も足利義満の登場とともに収束していくが、その転機となったのが(4)の応安の半済令である。この法令で武士には荘園公領が分割給与されて土地制度の動揺は一応おさまり、南朝の動きも下火になったが、それは同時に東アジア世界の流動が鎮静化したこととも連動しており、同じ年に明《みん》が建国され、続いて朝鮮が建国され、琉球でも統一の機運が生まれている。

足利義満はやがて南北朝の合体を実現して公武統一政権を築くことになったが、それは各地の守護《しゅご》や武士・村などの分権の上に築かれたものである。また明や朝鮮との国交を樹立し、明を中心とした冊封《さっぽう》体制に組み込まれることになったが、その貿易により空前の経済的な繁栄を達成することになった。

しかし各地に生まれた権力の動きとともに、(5)の応仁の乱が始まると、幕府も朝廷《ちょうてい》もそれらをおさえることができなくなり、戦国時代へと突入することになった。列島の各地での戦乱は収拾がつかない事態を迎えたが、そこにヨーロッパからあらたな動きが伝わり、統一政権への機運が生まれてくる。それは各地に生まれた地域国家の動きにともなうものであり、(6)の織田信長《おだのぶなが》の上洛《じょうらく》により統一政権の足がかりが生まれた。この時期は中世とはいっても、分権から集権への動きが顕著となり、戦国大名は「国家」という呼称で領国支配を進め、それが中央集権への動きを加速化したのであった。

こうして中世後期の社会においても一〇〇年ごとに画期が訪れていることが知られるが、それはまさに東アジア社会の変化と連動していたのであり、さらにあらたなヨーロッパの流れとも連動していて、いよいよ世界史に組み込まれていったことが知られよう。

中世から現代への一〇〇年

ではそれ以後の中世から現代にいたるまでについてはどうであろうか。同じように一〇〇年ごとに区切って考えてみよう。年表はそれを示したものである。

年表[2]　一〇〇年ごとの現代までの変化

(6)　一五六八　　永禄《えいろく》十一　　織田信長の入京　　統一政権に向かう

(7)　一六六〇年代　寛文《かんぶん》年間　　全国市場の成立　　幕藩《ばくはん》体制の確立

(8)　一七六〇年代　明和《めいわ》年間　田沼《たぬま》政権　近代国家の胎動
(9)　一八六八　明治元　明治維新《いしん》　国民国家の形成
(10)　一九六八　昭和四十三

織田信長に始まる統一政権への動きは、豊臣秀吉《とよとみひでよし》の豊臣政権をへて、徳川家《とくがわいえ》康《やす》の江戸幕府の形成に基づく幕藩制国家の成立へと帰結したのだが、それにヨーロッパの動きがかかわっていたことは、いわゆる「鎖国《さこく》」を行う必要があったことからもよくうかがえよう。

そのつぎに画期となった(7)の一六六〇年代とは、西廻り・東廻りの海運が完成して列島に全国市場が成立し、それまでの戦国時代から続いていた武断《ぶだん》政治が文治《ぶんじ》政治へと転換した時期であって、こうして統一政権としての幕藩体制は確立をみたのであった。

しかしやがてその動揺が始まるとともに、あらたな経済活動が活発になってきたのが(8)の一七六〇年代の田沼政権の時代からである。以後、寛政《かんせい》の改革、天保《てんぽう》の改革をへて、ふたたびペリーの来航に象徴される西洋のインパクトを受けるなかで江戸幕府は滅んで、(9)の一八六八年の明治維新へといたる。ここに西欧型の国民国家の形成が始まった。

その国民国家は大日本帝国憲法《だいにほんていこくけんぽう》と二度の世界大戦をへたのちの日本国憲法の発布をへて、高度経済成長により経済的な繁栄を誇った(10)の一九六八年ころが到達点となる。この時期までに、中世から近世にわたって営々と築かれてきた農村は大きな変貌をとげ、過疎化が進むようになった。産業構造が大きく変わったのである。

そして今の時代は、その国民国家にゆらぎがでたことからのあらたな模索の時代である。一九六八年は大学の古い体質の改革を求めて大学紛争が起きた年だが、それに始まって石油危機・公害問題・環境問題、国際化や情報化などさまざまな問題が噴出してきた。今のわれわれはその渦中にいるわけで、この動きはまだまだ続くことであろう。

このように一〇〇〇年ごとに区切って現代まで考えてくると、けっして中世が遠い時代のこととはいえないことがわかる。もちろん二〇〇〇年・三〇〇〇年ごとの区切りで考えてみるのもよく、そうした区切りのなかからさまざまな問題点が浮かんでくるにちがいない。

中世社会の豊かさ

本書は中世社会について日ごろから考えたり、書いたりしたことを現代の視点からまとめたものである。中世の社会はわかりにくい、とよくいわれることから、できるだけ現代の視点にそって探ることを意図したのであるが、それでもわかりにくいと思う読者も多いにちがいない。それは私の力のなさにもよるが、現代の社会が先がみえないとよくいわれるように、中世もまさにその先がみえない社会だったからでもある。

逆に中世社会をあまりに単純化して描きすぎているとの批判を受けるかもしれない。たしかにここで述べた以上にもっと豊かな社会であることは疑いない。そのことをよく示しているのが中世の文化の豊かさである。『平家物語《へいけものがたり》』『新古今《しんこきん》和歌集《わかしゅう》』のような文学、能《のう》・狂言《きょうげん》などの芸能、絵巻《えまき》や水墨画《すいぼくが》などの美術の達成度があげられるが、それらの若干については、最近になって多くをふれたので(『中世文化の美と力』)、ここでは省かせていただいた。

また技術の問題もある。組織や制度と同じく他の時代に劣っているかにみえる技術ではあるが、たとえば鎌倉の大仏《だいぶつ》をつくった技術、京都北山《きたやま》の金閣《きんかく》の金を精錬した技術などは相当に高度である。しかしこれらの問題についてはまだ未解明な部分が多く、今後の解明が求められる。

いっぽう、中世の社会を楽観的に描きすぎてはいないか、という問いもあろう。豊かさとは裏腹な関係にある、深刻な差別や暴力、そしてまた貧困といった側面を十分に描いていないことは確かである。これを機会にさらに中世社会を多角的にとらえていくことをみずからに課したいと思う。

清浄光寺　p. 31
清浄光寺・歓喜光寺　p. 41上, 66
田中家・東京国立博物館　カバー裏
知恩院　p. 47下
中尊寺　p. 69
長安寺・大分県立歴史博物館　p. 87下
天理大学附属天理図書館　p. 14
東京国立博物館　扉, p. 57下, 63
東京大学文学部　p. 53上
東大寺・桑原英文　p. 19下
東大寺・東京国立博物館　p. 19上
奈良国立博物館　p. 44
奈良市観光協会　p. 41下
二尊院・京都国立博物館　p. 37
前田育徳会　p. 27下
毛越寺・川嶋印刷　p. 72
毛利博物館　p. 57上
米沢市(上杉博物館)　カバー表

斉藤研一『子どもの中世史』吉川弘文館, 2003年
桜井英治『日本中世の経済構造』岩波書店, 1996年
桜井英治『日本の歴史12　室町人の精神』講談社, 2001年
佐藤進一『日本の中世国家』岩波書店, 1983年
佐藤進一『日本中世史論集』岩波書店, 1990年
佐藤信・吉田伸之編『新体系日本史 6　都市社会史』山川出版社, 2001年
清水真澄『鎌倉大仏』有隣堂, 1979年
瀬田勝哉『洛中洛外の群像』平凡社, 1994年
田中克行『中世の惣村と文書』山川出版社, 1998年
永原慶二『日本中世社会構造の研究』岩波書店, 1973年
松岡心平『宴の身体』岩波書店, 1991年
松尾剛次『中世都市鎌倉の風景』吉川弘文館, 1993年
馬淵和雄『鎌倉大仏の中世史』新人物往来社, 1998年
渡辺尚志・五味文彦編『新体系日本史 3　土地所有史』山川出版社, 2002年

●——写真所蔵・提供者一覧(敬称略, 五十音順)

浦添市教育委員会　p. 91下
大分県立歴史博物館　p. 87上, 88
鎌倉市教育委員会　p. 21
吉川史料館(岩国市)　p. 27上
京都府立総合資料館　p. 35上, 47上
宮内庁三の丸尚蔵館　p. 16, 28
宮内庁正倉院事務所・東京大学史料編纂所　p. 35下
宮内庁書陵部　p. 86
国立国会図書館　p. 15下
国立歴史民俗博物館　p. 12, 13
金剛峯寺・高野山霊宝館　p. 53下
西大寺・奈良国立博物館　p. 39
坂井孝一　p. 8上
佐藤英世　p. 8下, 20
史跡志苔館跡保存会　p. 91上

●—参考文献

網野善彦『日本の歴史10　蒙古襲来』小学館, 1974年
網野善彦『日本中世の非農業民と天皇』岩波書店, 1984年
網野善彦『異形の王権』平凡社, 1986年
網野善彦『日本中世都市の世界』筑摩書房, 1996年
石井進『日本中世国家史の研究』岩波書店, 1970年
石井進『鎌倉武士の実像』平凡社, 1987年
石井進『日本の中世１　中世のかたち』中央公論新社, 2002年
石井進・大三輪龍彦編『よみがえる中世３　武士の都 鎌倉』平凡社, 1989年
石母田正『古代末期政治史序説』未来社, 1964年
入間田宣夫『百姓申状と起請文の世界』東京大学出版会, 1986年
海老澤衷『荘園公領制と中世村落』校倉書房, 2000年
大隅和雄『日本の中世２　信心の世界, 遁世者の心』中央公論新社, 2002年
大塚紀弘「中世『禅律』仏教と『禅教律』十宗観」『史学雑誌』112-9, 2003年
大山喬平『日本中世農村史の研究』岩波書店, 1978年
笠松宏至『日本中世法史論』東京大学出版会, 1979年
笠松宏至『法と言葉の中世史』平凡社, 1984年
勝俣鎮夫『一揆』岩波書店, 1982年
勝俣鎮夫『戦国時代論』岩波書店, 1996年
河野真知郎『中世都市鎌倉』講談社, 1995年
黒田俊雄『日本中世の国家と宗教』岩波書店, 1975年
五味文彦『院政期社会の研究』山川出版社, 1984年
五味文彦『平家物語, 史と説話』平凡社, 1987年
五味文彦『武士と文士の中世史』東京大学出版会, 1992年
五味文彦「院政と天皇」『岩波講座日本通史７　中世１』岩波書店, 1993年
五味文彦『大仏再建』講談社, 1995年
五味文彦『「春日験記絵」と中世』淡交社, 1998年
五味文彦『増補　吾妻鏡の方法』吉川弘文館, 2000年
五味文彦『梁塵秘抄のうたと絵』文藝春秋, 2002年
五味文彦・佐野みどり・松岡心平『日本の中世７　中世文化の美と力』中央公論新社, 2002年
五味文彦・本郷和人『中世日本の歴史』放送大学教育振興会, 2003年

日本史リブレット33
中世社会《ちゅうせいしゃかい》と現代《げんだい》
2004年4月25日　1版1刷　発行
2019年9月30日　1版5刷　発行
著者：五味文彦《ごみふみひこ》
発行者：野澤伸平
発行所：株式会社 山川出版社
〒101－0047　東京都千代田区内神田1－13－13
電話　03(3293)8131(営業)
03(3293)8135(編集)
https://www.yamakawa.co.jp/
振替　00120-9-43993
印刷所：明和印刷株式会社
製本所：株式会社 ブロケード
装幀：菊地信義

Printed in Japan ISBN 978-4-634-54330-0

日本史リブレット　第Ⅰ期［68巻］・第Ⅱ期［33巻］　全101巻